文字侦探

流沙河 著

海南出版社
· 海口 ·

图书在版编目（CIP）数据

文字侦探 / 流沙河著 . -- 海口 : 海南出版社，
2024.11
（流沙河解字全书）
ISBN 978-7-5730-1589-1

Ⅰ. ①文… Ⅱ. ①流… Ⅲ. ①汉字－古文字学－研究
Ⅳ. ① H121

中国国家版本馆 CIP 数据核字 (2024) 第 076168 号

文字侦探
WENZI ZHENTAN

作　　者：流沙河
策　　划：彭明哲
责任编辑：闫　妮
执行编辑：姜雪莹
封面设计：任　佳
责任印制：杨　程
印刷装订：炫彩（天津）印刷有限责任公司
读者服务：唐雪飞
出版发行：海南出版社
总社地址：海口市金盘开发区建设三横路 2 号
邮　　编：570216
北京地址：北京市朝阳区黄厂路 3 号院 7 号楼 101 室
电　　话：0898-66812392　　010-87336670
电子邮箱：hnbook@263.net
经　　销：全国新华书店
版　　次：2024 年 11 月第 1 版
印　　次：2024 年 11 月第 1 次印刷
开　　本：889 mm × 1 194 mm　1/16
印　　张：70
字　　数：910 千字
书　　号：ISBN 978-7-5730-1589-1
定　　价：598.00 元（全五册）

文字侦探

——汉字破案百例

中国作家协会四川分会

题解

小时候读《福尔摩斯探案》入迷，就想做个侦探，专破世间疑案。四十年代后期，上高中后，偶遇一套蓝封面的侦探小说丛书，上海印行，内容也很精采，便一本接一本借来读完，更想做侦探了。这是因为我这个人从小体弱多病，嬉闹扑打不行，所以退而耽于梦想。其实自己胆小口吃，交朋友都困难，哪能是做侦探的坯子，十足妄想可笑而已。

混到青春年华，忽遭五七大祸。人生由此急转直沉，不敢再萌生任何妄想了。天天从事劳役，时时提防周围，务求苟活。孤灯不寐，窥读东汉许慎《说文解字》。一不小心，深潜下去，捞到快乐。这才发现，解说文字好比侦探破案，进程曲折。必须从典籍里翻查主证，又须从语词里找到旁证，还须从百科知识里觅得印证，更须有胆有识，推倒权威的旧说，自创切实的新解。这样做了，方能少办冤假错案。此后攻读文字学著作十多种，做了七八本笔记，总题"字海漫游"。俯首暗笑，我终于做成侦探了。哪知快乐短暂，"文革"忽至，就被抄家，搜查出来，拿去毁了，令我心伤，还不敢说。

25×20=500　　Ch001 219 86 3　　第　页

光阴迅速，又混过四十年，退休以后，我就再做。这回做侦探，不必偷偷做。有贤内助为我备一张大案桌，六尺六寸长，三尺宽，堆满典籍资料和工具书，翻查方便。南窗外有高楼，为我隔绝市嚣，遮断红尘。此处正好深潜下去，细找线索，勤搜证具，冥思静想，大过其侦探瘾。也是苍天眷顾弱者，乃有《流沙河认字》今年出版，明年还将有这本小书《文字侦探》出版。这本小书《文字侦探》比《流沙河认字》更加通俗易懂。但愿我能少办一些冤假错案，免得仓颉夫子骂我呸我。

老实说吧，我写书未想过“为人民服务”，也未想过为人民币服务，只是图个过瘾罢了。独坐书房，俯身大案桌上，我就是福尔摩斯了。读者看我怎样破案，我便洋洋自得，有巨大成就感。心情一舒畅，就延年益寿，比吃啥补药都强。这样说来，我倒该感谢亲爱的读者。

感谢古老的汉字，收容无家的远行客。

感谢奇妙的汉字，愉悦避世的梦中人。

流沙河2010年11月8日成都大慈寺路

(001) 天地

篆文　金文　两个甲骨文

该怎样造天字，难坏了我们的祖先。天，抬头就能见到，古人谓之"彼苍苍者"。奈何头上的这个天，本无一定之形。以管窥之，天是圆形。从窗口望出去，却是方形。想来想去，天空无形可象，不能用象形的办法造天字。不能象形，就象意吧。所谓象意，就是让你看图画猜意思。距今三千五百年前，商代的甲骨文（刻在龟甲和牛骨上的古文字）最早使用天这个字。看上面这两个甲骨文便是用象意的办法造出来的天字。第一个天，大字头顶画个方形，暗指天空，正是造字者从窗口望出去所看见的。第二个天，大字头顶添个上字（注意不是今之二字），暗示头顶之上是天。至于大字，本象人形，也就当作人字认了。古文字欠周密，请原谅古人的混用吧。

到周代的金文（铸在青铜器上的古文字），天字变成大字头顶画个圆形。或许这时候已经有"天圆地方"的说法了？如果圆形暗指天空，那就不好说这是头颅了。后来又到篆文，再变，圆形变成横杠。这一横杠暗指天空，而非今之一字。到东汉许慎著《说文解字》，乃曰："天，颠也。至高无上。从一大。"天颠二字音近。以颠释天，古人谓之音训。颠本人的头顶，用在这里都指无限高的天空。

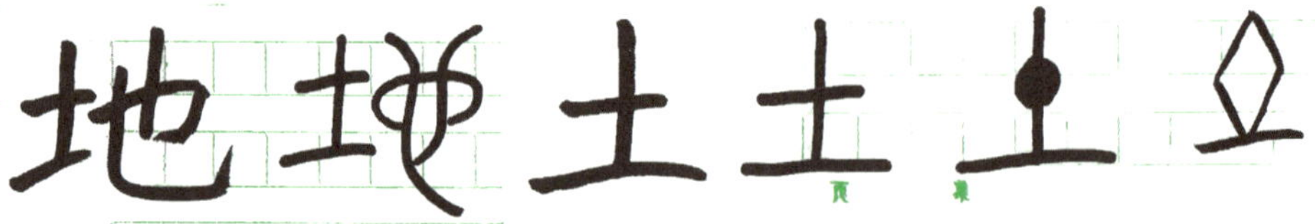

篆文　　篆文　金文　甲骨文

地字从土也声，是形声字。从土，是说土字参与字义。也声，是说也字作为声符。地古音yǐ，与也yě音近，所以用也字作声符。《说文解字》认为也字乃象女阴之形。后人据此创说，地属坤道，为阴为女，所以地字是由女性器官参与字义。此说太玄，恐不可取。须知也字只是声符而已，并不参与字义。解说文字，不可标新立异，悚人听闻。

甲骨文和金文视地字只有土字。土字象土块形，下横为地平面。在甲骨文，土和社本一字，土即社，社即土。古人以土块为神祇，崇而拜之，祈求丰年。后世乡村有土地庙，供奉土地公公，又称社公。春季拜土地神，谓之春社。村民聚会娱神，就叫社会。社会一词，竟然是这样产生的，想不到吧？

25×20=500　Ch001.60.93.9　第　页

(02) 河岳

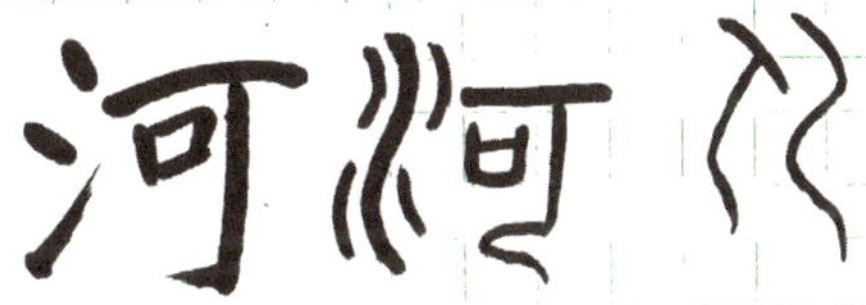

篆文　甲骨文

河字从水可声。商代甲骨文的占卜文字，通称卜辞。内容多有“涉河”“燎于河”“求年于河”的记载。涉河即渡河。燎于河是燃篝火祭河水。求年是求河水勿泛滥淹禾稼。这些河所指皆黄河。甲骨文河右旁象蜿蜒河流形，左旁是枝柯的柯字，作声符用。那时柯字简单，只有两画，象枝柯形。到了篆文，枝柯加口成可，仍旧作声符用。原先在右旁的河流移到左旁，笔画也复杂了。先民观察河流，河心的主流流速急，靠近两岸的旁流流速缓。流速急的笔画拉通，流速缓的笔画中断。篆文水就是这样写的。水体本身无形可象，只好借河流的形象当作水字。楷书简化成三点水，已失河流形象。

繁体　篆文　简体　古文　甲骨文

甲骨文没有单个的山字，但有岳字。甲骨文岳下部象山之形，也就是山字了，只是不见单独出现而已。远古先民以三为多，所以画三座山表示群山。甲骨文岳中部象植物形，而上部还有山，表示崇山峻岭。后来又有了古文岳，其结构为山上叠丘（画两座山则表示这是丘）。想是高山有雾岚吧，所以古文岳字上丘下山而中间留空白，暗示被雾岚遮住了。这个上丘下山的岳显然是由甲骨文岳演变来的。这个岳比篆文嶽更早出现，所以称它为古文。古文在前，篆文在后。

卜辞有“求年于河”的记载，也有“求年于岳”的记载。河专指黄河，岳专指中岳嵩山，都在商朝管辖区内，所以要向河岳求农业的丰收。

今人规定岳做简化字，嶽做繁体字，似乎先有嶽字，后有岳字。其实正好相反，嶽字晚出，前已说过。嶽字象意，从山獄。单看监獄的獄，亦颇有趣。你别误会这是以言治罪。獄字从言，却与言论无关。古人造字，该用辛字组装时，偶然用言字顶替。篆文言的写法乃是辛字下面一口。辛是錾刀，用于黥刑，给罪人额上刻“黥印”。所以用辛表示治罪。左右各一犬在那里守着，应是严防越獄。獄，今简化为狱了。

（03）风雷

风 風   凤 鳳  

繁体 篆文 甲骨文 繁体 篆文 甲骨文

风字繁体作風，从虫凡声。凤字繁体作鳳，从繁体字鳥，亦凡声。风从的虫是繁体字鳥的省略。从虫与从鸟差不多。古人称鸟为"羽虫"，鸟也算是虫。考察起来，风凤最初本是一字。远古先民相信，刮大风是由于高天上过风鸟。甲骨文风与凤写法几乎相同，皆象鸟形，头簪冠毛，鼓翼奋飞。微有别者，风带雨点而已。忆我少时，春末大风沙，吾母警告说："天上正在过九头鸟！"可知传说起于远古。《庄子·逍遥游》写大鹏北冥飞南冥，驾乘飓风，高九万里。从语源说，风和鹏古音同，所指同源，想系神话产物。说得漂亮就是商民族的"玄鸟"，羽毛炫目，五色斑斓（天太平）。说得恐怖就是楚民族的"鬼车"即九头鸟，摄小儿的灵魂，沿途滴血。说得理性就是动物园的孔雀。孔，大也。雀，鸟也。人问："孔雀与凤有关系？"他回答不出来。有了这种"科学理性"，神话还值得去研究吗？

风凤皆以凡为声符。凡是何物？一说是帆。船帆式样都差不多那个样子，引出平凡一义。另一说是盘，繁体作盤。甲骨文凡侧看确实像菜盘子，也讲得通。

篆文　　金文　　甲骨文

雷电同时发生。光速快，声速慢，所以先见闪电，后闻雷声。甲骨文雷象折枝闪电形，这比常见的根系闪电要强烈一些。两旁菱形象球状闪电形，俗呼地滚雷，强烈更甚。金文加添雨头，折枝闪电照旧，地滚雷则添成四个田字。这当然非田字，雷和农田没有关连。想来该是四个车轮之形，因为圆形不便镂刻，所以方了。"车走雷声"一词李商隐句，比车声如雷之轰隆，乃有雷车之词。旧时雷神塑像，面黑嘴尖，执锤敲凿，迷信以为轰隆之声是在开山。更有趣者闪电娘娘红衣红裙，两手各举圆镜，镜与镜之间有一绳相连，所以叫"扯火闪"，真是她在常两手横扯呢。到了篆文简成三轮。最后简成独轮，是为隶变。

顺便说说雨字。两个甲骨文，一象檐溜形，一象屋沟流水形。电字繁体作電。古文电雨头下双手拉伸一绳，这是申字，作声符用。后人不明白，以为真闪电是两手拉扯出来的，所以塑像如此。还有，这个申字作为符号表示电力，今常见之。

两个甲骨文

电的繁体　篆文　古文

(4)星辰

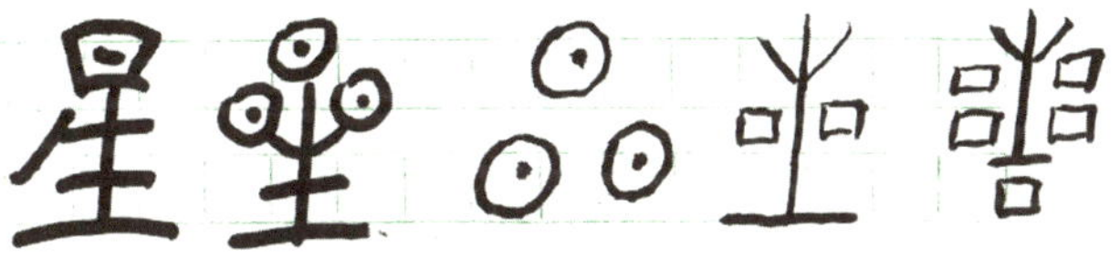

篆文　三个甲骨文

先民计数困难，一二尚能分晓，三以上就糊涂，笼统称多。三就是多，所以山上树多叫森，原上草多叫芔，家中财多叫鑫，夜天上亮点多叫星。森、芔、鑫、星的语源都是三，读音也近乎三，表示多。难怪杂货铺又叫星货铺。请看三个甲骨文星，五颗的和两颗的皆方星，便利镌刻。不过也有三颗圆星，就像今之晶字，而在三千五百年都是星字古写。此星字由三日组成，或许暗示恒星都是遥远的太阳吧？至于五颗的和两颗的，是用生做声符。地面上有一株小草，象意，就是生。到篆文添一横，土上小草方是生。今之星字，从日（日象星形）生声，是形声字。汉字百分之九十都是形声字，好认。

与古希腊星空神话不同，华夏星空乃是人间事物的天上版，绝少神话。这些星座皆有世俗名称，例如帝座、三垣、市场、监狱、厨、库、车、弓、箕、狼，甚至床、棒、积尸气，总之缺乏趣味。吾国先民重实用而轻想象，盖自古已然。

篆文 甲骨文 两个篆文

辰字原是蜃的古写。蜃下的虫是后来添加的。蜃是一种大型海蚌，其壳厚而坚，略呈三角形状。壳之大者二三尺长，一尺多宽。先民用壳磨成蜃刀，拿去耕地；锉成蜃镰，拿去割禾。这比石刀石镰先进多了。蜃壳做了农具，所以农的繁体農字从辰。蜃肉藏在壳内，有似胎藏母腹，所以怀胎叫娠。蜃壳一张一闭，有似嘴巴开合，所以嘴皮叫唇（繁体作脣）。甲骨文辰象形，三角形壳，壳内伸出来脚。辰既就是大型海蚌，怎么又与天星扯在一起，叫星辰呢？

请细说之。天穹苍龙七宿乃是七个星座，角，亢，氐，房，心，尾，箕，自西向东横排，夏夜南天可见。房宿四星为龙胸房。心宿三心为龙的心脏。如果天刚亮时，看见房心二宿的闪亮在正南方天空，先民便知春耕时节到了。这就是《国语》上说的“农祥晨正”。古代中原称呼房宿四星为农祥星，又名晨星。篆文晨最初是辰上一晶，可知本为星名，就是辰星。心宿在房宿东，古称大辰。房心二宿在古代是农夫的保护神。蜃壳农具代表农耕，所以作为星名的晨字从辰。至于早晨和时辰，乃是后起的衍义。

（5）男女

篆文　两个金文　三个甲骨文

男字从力从田。农耕社会，努力做庄稼，在田间操作，便是男。看似好认，实则不然。先拿甲骨文说，就有疑问。田是何物？在商代卜辞里，多数田字指狩猎活动，少数田字指农耕活动。三个甲骨文都从又（右手），表示操作。田呢，很可能是猎田。田字象意，四面包围，纵横搜索。田是猎场，或曰围场（河北有围场县）。当然也可能是农田，右手表示田间操作。再看金文，手腕加长成臂，亮开膀子大干。只是其一不像手臂，因为一端有手抓住，应是扶犁而耕。到篆文更像犁。犁田是重劳动，可知男指青壮农夫。男到西周为公侯伯子男五等爵位贵族之末。那时成年男性称士而不称男。汉代又变，《说文解字》：“男，丈夫也。”丈夫是说身高周尺一丈，合今1.70公尺。

篆文　甲骨文　篆文　甲骨文　甲骨文

三笔写一个象形的女字，教人不得不服。为何好像屈身下跪？清代两位说文大师，段玉裁说："象掩敛自守之状。"王筠说："在人下，故诘屈。"都在歧视妇女。华北妇女屈膝坐炕做女红正如此，非跪姿也。甲骨文交双手，女红正在做着。不过，说双手交叠在腹前，仪态规范如此，也通。《说文解字》："女，妇人也。"男和女是一对对应概念。同样，丈夫和妇人也是一对对应概念。特殊而言，已嫁者称妇人。一般而言，未嫁者亦可称妇人。

母字写法竟是女身上加两点。母之异于女者，看来看去，唯此两点而已。审视篆文和甲骨文，乃知此两点者乳房也。女子婚后最显著的变化便是胸前凸出。造字者加两点便搞定，何其聪明！

乳字，动词，《说文解字》释为鸟类产卵。许慎的根据是字从乙，乙是燕子；从孚，孚是孵卵。今人在甲骨文里找到了乳字，就像看图识字那样，恍然大悟。哪有什么鸟类产卵之象，明明是母亲奶孩子嘛。文字古今演变，有时由繁而简。母体简笔成乙，乳房省了。双手揽抱简笔成爪（抓）。张大嘴巴的子也简笔成普通子了。可知乳字左旁既非孚字，右旁也非乙字。许慎未见过甲骨文，遂有此误。

（06）父祖

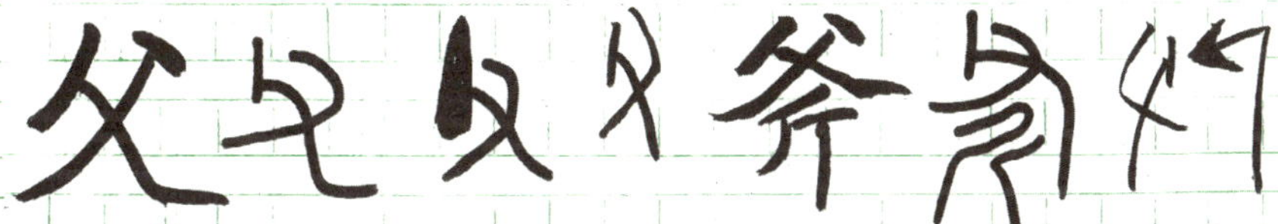

篆文 金文 甲骨文 篆文 甲骨文

石器时代多有石斧留存至今，博物馆能见到。小斧无柄，长三四寸，右手把握。看这父字，本非Father，乃石斧也。甲骨文父从又（右手），握一短柱，问是何物。如果柱长，便该是杖，握杖执法。许慎认为是杖，所以《说文解字》："父，矩也。家长率教者。从又举杖。"父为一家之长，举法杖以教子弟，率教听话。率音lǜ。今我川人误作"落教"，不知率教古语。石器时代尚无家长概念，那时的人"知有母而不知有父"。何况篆文和甲骨文父，右手握的皆短柱，岂能视之为杖。许慎错了。父就是后来的斧字。周代男子成年典礼，头加冠冕，腰佩短剑。金文与时俱进，父字变石斧为短剑，尖锐其锋。篆文又退回去，同甲骨文。石斧和短剑，成年男子才使用。于是成年男子尊称曰父，例如渔父。父指家中长辈，包括生父在内，已是晚起的称呼了。

斧字从斤父声。篆文和甲骨文斤字象形，指长柄斧，用于砍树。斧斤二字连用，斤也属斧，柄比……不过常用的斧长些罢了。请看甲骨文斧，左父右斤。斤柄前向倾，夸张成屈折。斤头本弧形，夸张成箭头。斤头以铁造，重量有规定。后世用作计量单位，一斤十六两，今则十两，合500克。

篆文　金文　甲骨文　　篆文　甲骨文

祖字从示从且zhú。且字象形。旧时人家堂上供奉有神主牌，牌上黑漆金字直书“某氏堂上高曾远祖之神位”，正是且字形状。祖宗无形可象，不得已而用神主牌象征之。神主牌俗呼为“先人板板”，子孙后代不时燃香点蜡，跪拜致敬。且字争议颇大，最风行的说法是且为男性器官象形，而神主牌之说难以悚人听闻，被边缘化。

祖字左旁示字，又是何物？《说文解字》：“示，天垂象，见吉凶，所以示人也。从二（二是古文上字），三垂日月星也。”意谓上天警示下民，告知吉凶。此说虽然显得完美，奈何甲骨文示一横之下一竖，上天日月星全都不见了。最风行的说法是示为男性器官象形，亦生殖崇拜也。不过也有说是祭天杆的。天无形象，立高杆以象征之。后世华表即祭天杆之变形者也。

（07）考妣

中国作家协会四川分会

篆文 金文 甲骨文 篆文 篆文 金文

考字原指父亲，不论是健在的已故的。考字要说清楚，请先说老字和孝字，这样方便一些。老字甲骨文画侧身一老叟，长发遮脸，向背站立，向前探手，一副战战兢兢的样子。金文和篆文探前的手变成匕字，实无道理。这个误增的匕，让老字不好讲。幸好有甲骨文保留真相，我们才敢断言，匕是手的讹变。如果匕还原成手，抚摸小子的头顶，这便是孝字的篆文了。老叟膝下，小子承欢，便是现场尽孝。如果小子跑掉，加个古文的柯字做声符，那就是考字了。

考字下面的丂kē，在古文是枝柯的柯，象形。请看可字，正是从口丂声。同样，考字从老丂声。不过所从的老字探前的手已省略了，所以确切说也是从老省，丂声。

考字父亲原义，今仅存留墓碑之上，平常已不使用。常使用的是考试、考核、考察。这些考皆借用，本来应该用攷。攷就是晚造的敂。古人检验陶器，敂敂便知好坏。攷字《新华字典》不收。

25×20=500　Ch001.60.93.9　第　页

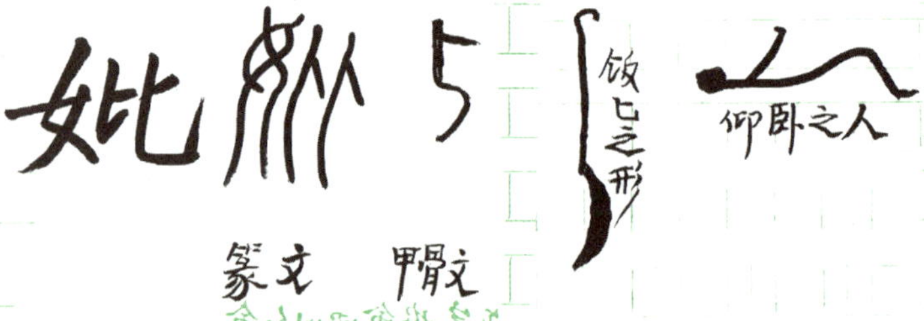

妣字原指母亲，不论是健在的已故的。妣字篆文从女比声，是很一般的形声字，不足奇。奇在妣字的甲骨文，既无女旁，又无比旁，有点像阿拉伯数字的5，也就是今之匕bǐ。这个匕在《说文解字》有两种说法：一说匕为“反人”亦即人字之反；一说匕是饭匕，盛饭用的瓢儿。这未免太奇怪，一个匕字，既象“反人”之形，又象瓢儿之形，岂有此理。此乃一大疑案，专家争议至今。不揣浅陋，试说如下。

甲骨文匕字有两种说法，是因为匕虽一字，却象两形。要说奇，也真奇。我们从右边看，甲骨文匕是“反人”。反，翻转也。人字翻转谓之“反人”。古代人字专指男人，象撑之俯卧形。翻转成匕，仰卧形了。这就叫“反人”，专指女人。男俯在上，女仰在下，此乃古今最常有的姿势。造字用正反以区别男女，十分简妙。同一个匕字，若我们从左边向右看，却变成饭匕之形了。所以匕有二形二义。

匕为女人。比字从二匕，其义为比喻、比较、比赛。女同胞们古今人情不远，聚会，互相爱攀比嘛。

（08）人民

篆文　甲骨文　　篆文　甲骨文

人字古文使我困惑多年："人为何要下跪？人不能站起来？"后来明白，造字之初，人字专指男人，正如英文man和manhood。猜想人字下跪向腰，俯身撑臂之形，乃是男人做爱最常有的姿势，所以人指男人。人字翻转成匕，俯身变成仰身，即指女人。造字者教我们从姿势识别男女两性，盖无疑矣。

二人相随为从。从字见形知义，不劳解说。

人二为仁。仁字是说人要亲爱他人，体现儒家理想。甲骨文无仁字，早期金文亦无。春秋始有仁爱之说。

人止为企。企字义为踮起脚跟。踮起脚跟望得远，曰瞻望。瞻望未来作策划，曰企划。踮脚走路名企鹅。

尸字决非死尸。死尸繁体作屍，为晚造字。甲骨文尸象人蹲踞之形。商代卜辞常见"尸方"，乃指山东半岛，因为彼邦之人习惯蹲踞，不像中原的文明人席地而坐。尸夷二字古音相同，所以"尸方"之人后来又称东夷。

昵字从尼日声，义为亲热。而尼，分解开来，尸在匕上。尸也属于人，人又专指男人。男尸在女匕上亲热，又读暱，这个昵字是啥意思，就不摆了。

篆文 金文 甲骨文 篆文

民字象形，锐器刺目使瞎，应该是最早的盲字。从目亡声的盲，甲骨文和金文都没有，当然是晚造字。早期造出来专指眼睛瞎，只有这象形的民字，音义皆同，形声的盲字也就是说，民即盲也。古代歧视战俘，语言侮辱，贱呼为民（骂人家瞎了眼）。战俘拿来做了奴隶，仍称为民。卜辞有“卯民”的记载，与“卯牛”和“卯羊”一样，把奴隶当牲口杀了祭祖。后来民的称呼扩大范围，凡被统治者都可称为民，字或作氓。篆文民字变形，必须细心慢审，方能看清楚锐器刺目之迹象。从瞎眼的民，到民主的民，古今多少辛酸泪。

怋māng字从心民声，据《说文解字》转训乱，乃指人的头脑紊乱，心盲胆大。这类人四川话叫莽子，莽读māng声。准确书写，甚至应作怋子。前人引老子言“民不畏死，奈何以死惧之”，殊不知老百姓最怕死。有父有母有妻有子有家产，哪有不怕死之理的？不怕死的有，是那些心盲胆大的怋子。“民不畏死”民是借字，本该作怋。老聃的意思是那个人是怋子，不怕死，你何必恐吓他，不是说老百姓都勇敢不怕死。

(09)干戈

篆文　金文　甲骨文　篆文　干字又有两个繁体

干字原象盾牌之形。据汉代杨雄《方言》说，函谷关以东叫干，以西叫盾。本是一物，叫法不同。甲骨文干，矩形竖执的所谓挡箭牌，中有窥孔，上有饰缘，下有插杆。金文和篆文变走形样了。古人作战，执干遮挡矢石，冒着锋镝前进，遂有干冒、干犯、干扰、干预、干涉以及不相干之说。干女为奸，性侵犯也。

干本是正体字，古已有之。现今却被指定兼任幹gàn乾gān二字的简化字。干部本作幹部，原指树之主幹。主幹上有旁枝，干支从幹枝来。十干配十二支，用纪年月日时。树幹负担重任，遂有幹革命以及幹不幹之说。幹简化成干gàn，与干戈不相干。至于乾字，用于乾坤读qián，用于乾湿读gān。乾饭、乾脆、乾净、饼乾、薯乾、豆腐乾都简化成干，也与干戈不相干。

盾字象形。若从左向右看，便能看出那是一目躲在盾牌之后，窥视敌人。目上十字表示目光直射。人在盾牌后面躲着，所以遁训隐，例如遁迹空门。

戈 伐 武 我

金文 甲骨文 甲骨文 甲骨文 甲骨文

戈字象平头戟之形，可以砍钩两用。金文戈下端比较像实物，不过并非三股叉，只是铜制小圆磴。楷书戈字下部的斜撇和长钩使人迷惑，猜不透是个啥。对照甲骨文看，原来这斜撇和这长钩是柄端的小圆磴，夸大变形，认不出了。

伐字从人从戈，士兵肩扛平头戟去征伐，是象意字。征伐属于事，而不属于物，无形可象，只好象意。

武字从止从戈，古人都说"止戈为武"。此话意思是能使战争不发生，才算得上武。话虽漂亮，却不符合古代实际情形。古代集体舞，执兵器跳的，称之为武。武即武舞。从止（趾）表示跳舞用脚，进退踩踊，踏着节拍。从戈是执兵器做道具。武王伐纣，前歌后舞。歌是战歌，舞是武舞。

我字当初造出来时，并非为了第一人称使用。幸好清代末年发现了甲骨文，否则我是何物永远搞不清楚。细看甲骨文我，从戈表示这与兵器有关。戈之左旁象形。象何物之形？竟然是猪八戒的钉钯。后世改进，名曰镋钯。成都有镋钯街，在明代大慈寺山门外。传说和尚在此练习镋钯，故名。由此可知，我字借来指称自我，为时既久，镋钯本义遂被遗忘，如流浪儿童忘记了归家路。

（10）国家

繁体　篆文　三个金文　甲骨文

国的繁体國字，外围长方形是国界。其内小方形是城都。都城南北有护城河，旁有戈守国界。最早的甲骨文国字简单，方形是城，戈以守之。当时所谓国指的乃是城，有武装人守护。“禹会诸侯于涂山，执玉帛者万国”，可见那时国之众多，恐怕相当于现今的小镇。到了金文，城外增设隍沟，今人叫护城河。金文的或guó就是后来的國字。又有在或字下添土字的，写出来便是域guó，同样也是后来的國字。鲁迅译《域外小说集》，域外即國外，域不读yù而应读guó。鲁迅在东京求学时读过《说文解字》，知晓域为或的异体字，是國字的古写。

金文或字是后来的國字。周代初期國太多了，你若单说一个國字，既可能指A國，又可能指B國，甚至C國D國，不能确定。所以，凡事物之不确定者，谓之“或许”“或然”“或者”，而或下加心又成惑，皆因國太多了，使人迷惑。

清代太平天国造出国字，此字从王。这个政权封王一千六百多个，遍地称王。简化国字从玉，多出一点，有别于太平天国。

篆文　　甲骨文　　想象的家字

古称邦家，不称国家。国，都城。家，家庭。国有王，家有长。史前曾有过母系制社会，一家之中主政者为女性。女家长统领下，氏族内部血缘承接关系当然按照母系认定，难怪“胡儿知有母而不知有父”。那时婚姻制度“招郎上门”，男迁就女，这种行为叫家（后世女迁就男，家改叫嫁）。家本来是动词。先民觉得男迁就女这种行为，好比公猪牵往母猪那里进行配种，所以造出屋盖下一头豕的家字，作动词用。看篆文家，那一头豕并未標明性别，怎知就是公猪？看甲骨文却有在腹下添一画，而知其为牡的。牡豕曰豭jiā。《说文解字》认为家字是豭省声。许慎想象动词家字应该是屋盖下一个豭，因嫌笔画太繁，省略成家字，这就叫“豭省”。公猪称豭，四川人叫“脚猪”。豭声被读讹了，错写成脚。

母系制社会消亡后，仍有女婿上门习俗在存。上门女婿被戏呼为“寄豭”。秦始皇下令：“夫为寄豭，杀之无赦！”算是肃清旧社会的残余吧。强化男性家长制，实有利于独夫除封建之分散，集中皇权于一身，何乐不为。

（11）君王

篆文　金文　甲骨文　篆文

先有尹字，后有君字。卜辞有“多臣”“多尹”“多君”的记载，可见都是商朝的官员。篆文君字从尹从口。尹字象意，手执权杖。君不过多一张嘴巴罢了，亦属王臣无疑。多一张嘴巴，用来传达命令。猜想这君可能是地方上的首长，他要直接面对基层，向百姓讲政策，所以君字从口。请看篆文命字，正是亼下一人屈膝而跪，恭听一张嘴巴吩咐。这张嘴可以是君的嘴，王的嘴，或家长的嘴，总之是有权的尊者之嘴。卜辞的“多君”迥异于后来的君王。《说文解字》以尊释君，这叫音训。许慎用汉代的君王解君字的本义，算是与时俱进。其实当初造这君字，未见得有多尊，亦官员而已矣。

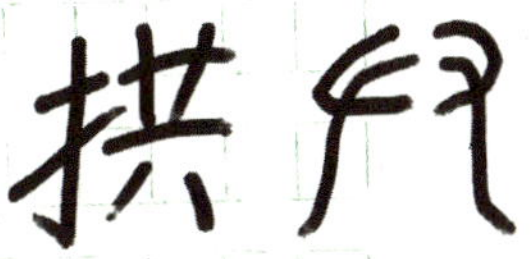

篆文

君字金文，许慎说是“象君坐形”，乃系误解。他以为君就是指至尊的君王，坐在那里，拱手不做事情，只动动口，所谓“古之圣人垂拱而治”。其实拱古音jiǒng，乃金文君的声符，不参与字义。拱字篆文象左右两手打拱形。金文君左右手拱合拢来了。甲骨文君，易被误认用手吞口，实则手执权杖，口传命令，非劳作也。

篆文　金文　两个甲骨文　　　篆文　两个金文

孔子说："一贯三为王。"王字三横，孔子认为代表天地人。中间直杠贯通了天地人，那就是君王。孔二先生不懂文字学，用儒家理想解字，解错了。从甲骨文看，王字象钺形。看金文钺形更明显。钺的弧形刃口向下，中间一横是钺柄的缩短，上面一横则是钺背。钺本武器，作为礼器，君王握着，象征威权。夏朝用玄钺，商朝用白钺，周朝用黄钺，都各有讲究。玄钺铅制，白钺银制，黄钺铜制。周武王伐商纣，握的正是黄钺。钺又名叫王斧，君王之斧。钺属斧类，通称斧钺。和平时期，君王不讨伐谁，整日握钺岂不太累。于是就在御座后面设置屏风，上画斧钺，极大显示常在威风。既然君王时刻不离斧钺，所以造字画钺表示，这是王字，以钺代王，正像高速公路指示牌画餐瓢和刀叉表示此去有饭馆可进餐。

皇字比王字晚造。金文从王，上象太阳发光形。《易经》说"日为君之象"嘛。太阳比喻君王，古已如此。篆文皇太阳变成从自（鼻），以鼻代表人面，而下面王字，仿佛皇爷坐在那里，横展开臂和腿，实在无趣。

25×20＝500　　Ch001.60.93.9　　第　页

（12）明圣

篆文　金文　甲骨文　篆文　甲骨文　篆文　甲骨文

朝霞映天是光明，篝火烧夜是光明，元宵看灯是光明，暗室燃烛是光明，月照东窗也是光明。光明虽然可见，但无一定之形可象。不能象形，那就象意。比较起来，月照东窗之明，这种象意最有诗意。明字象意，拆开看正好是月照东窗。小孩认字，不知不觉之中感受诗意，世间唯我汉字有此功能。

甲骨文里明字很多，几乎都是月照东窗。稍有踌躇，窗框画出各种式样：方的，圆的，而窗棂则有纵人格的，横格的，两横格的，十字格田形的，圆弧三花格的。日月双悬的明甲骨文里也有，不过很少。农历每月十五，西山日落，东山月上，为时短暂，亦非双悬。双悬是不可能的，所以日月明很少。

圆弧三花格窗棂组装在圆框上，初见于甲骨文，后定型于篆文，隶变后便成为今之冏jiǒng，与窘是同音字。今人在网上同音借用之，泛滥到报刊上。按照《说文解字》许慎所说，冏字古音读gǒng（音拱）。古音今音之异，刚柔音变而已，其间本无是非可言。

月，圆时少，缺时多。造字取象于半边月。月中直杠，屈原说是"顾菟在腹"，后人说是嫦娥玉兔，今人说是静海梦海。借月字，减直杠，便是夕字，蜀人谓之晚夕，甲骨文通作夜字使用。重夕为多。一夜又一夜过去了，所以"去日苦多"。

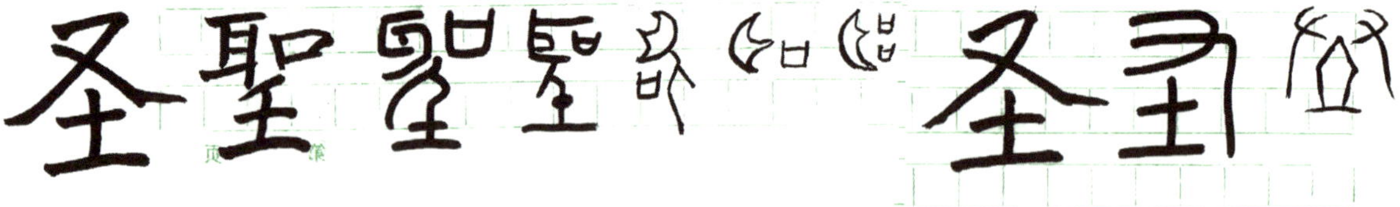

繁体　篆文　金文　三个甲骨文　　掘字古写　篆文　甲骨文

圣字繁体作聖，从耳从口，耳口下面是声符。这既非王字，亦非壬字。耳能听察实情，口能讲解道理，造字者给聖字下了非常好的定义。看三个甲骨文，先是一耳两口，能听双方意见。后来减去一口。又后来加人字在耳下，表明此人能听察下面的意见。到金文又在人下加土作声符，成形声字。篆文习承，不再改变。叵耐竟被简化成圣，能听察的耳不要了，能讲解的口不要了，换成一手刨土，便是圣人，莫名其妙。

那些创造简体圣字代替繁体聖字的同志们，显然不知悉早就有圣字，见《说文解字》，字义为"致力于地"，读音同窟。考虑到古今读音的变化，前辈已故小学大师杨树达先生说，圣与掘应当为古今字。这就是说，圣字本是掘字古写。甲骨文圣（kū），上为双手下为土，双手努力掘土。到篆文才变成一只手，此后定型。这个靠边站的圣字，拿时髦语言说，有点郁闷。

（13）东西

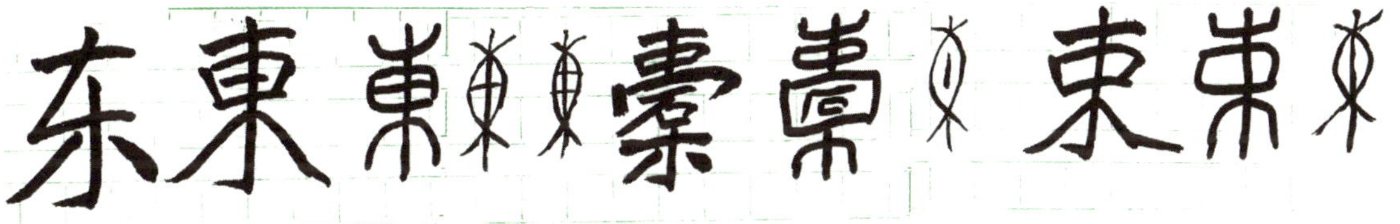

繁体　篆文　两个甲骨文　　篆文　甲骨文　　篆文　甲骨文

《说文解字》解释东的繁体東字，说是从日从木，日在木中。太阳升高到树中间，那边就是東方。原来神话传说，東海之外有大树名扶桑，每天早晨太阳缘树登天，照亮世界。许慎是在用神话解東字。另有传说，大树又名若木。其实桑字上下拆开，便可以是若木二字。扶桑的扶，意思是大。大树若木的若，以音求之，可能指原产澳洲的一种尤加利树，树高可达百尺，为树木高度的冠军。吾国先民风闻海外奇谈，加以想象，遂有扶桑若木神话产生。神话美丽，可惜不真。待到清末民初甲骨文出土后，真相终于大白。

这才晓得，古人造東字，不是用来指方向的。甲骨文東完全不像日在木中，这明显是一只长条形的编织袋子，两端开口，用绳捆紧。这种编织袋用麻布缝制，俗呼驮子，搭载骡马背上，装粮食用。東字象囊橐形，東就是橐。東橐二字甲骨文同。稍有不同者，甲骨文東强调麻袋纵横编织，甲骨文橐强调麻袋已经装满。東古音duō。公司取名東芝，日语呼TOSHBA，尚近读音東的古音。

東字后来借指日出之方，不得已，另造橐字，以继承当初的长条形编织袋之义。

篆文　甲骨文　　篆文　甲骨文

古人造出西字，同样不是用来指方向的。西字甲骨文象鸟巢之形，到篆文在巢上添一只栖息的鸟。鸟身隐巢内，不可见，能看见的是喙、头、颈、背、尾，构图简洁美妙。西字本义就是鸟巢。巢字与西字，试拿篆文作比较，同样都是用鸟巢作主体。不同者，栖息的一只鸟变成了三只待哺的雏鸟，纷纷引颈向上求食。还有，篆文巢多一木，表示巢在树上，而篆文西省掉所在之木，仅此而已。推测起来，方言各异，甲地说西，乙地说巢，而所指的都是鸟窠。

你会问："鸟巢与西方有什么关系？"

原来雀鸟多属夜盲，天色渐晚，视力转弱，便看不清自己的巢，所以都筑巢在树林向着日落的这一边。在大片树林内，鸟巢并不是平均分布的。向着日升的那一边，鸟不筑巢。原因简单，黄昏时候雀鸟晚归，借落日的残晖，利于识巢。此时树林向着日升的那一边已早昏暗，看不清了。先民野外生存，观察细心，知晓这些常识。他们若说"西方"，意思是鸟巢所在的那一方。東西南北，那是后来的说法。

(14)南北

三千五百年前，商朝卜辞已有东西南北四方。东西是借用字，已详前篇。南也是借用字。甲骨文和金文的南字是土陶烧制的钟形乐器，器口向下，悬在架上，敲击发声。南字象形，与钟形同，上有悬索。卜辞里借南字表方位，乃借其字音，非借其字义。这是第一个南，见于甲骨文和金文。

还有第二个南，出自另一系统，与第一个南在字形上毫不相干。《说文解字》所载的是第二个南，即篆文南。篆文南的字形大异于甲骨文和金文，是出自另一系统的古文字。许慎解释篆文南字：“草木至南方有枝任也。从巿羊声。”巿字注意，不是市场的市。巿字中间一竖拉通，由上而下。巿音fèi，做肺字的声符。又音pèi，做沛字的声符。篆文巿象草木枝叶蓬蓬勃勃之形。许慎的解释被后人误解，以为是说南方草木茂盛。其实是说一株植物，不论是草是木，向南方的枝叶最茂盛。北半球高纬度，此种现象特别明显。原始人观察一棵树，识别方向，树冠浓密茂盛的一方便是南方。草木向阳，在北半球就是向南。「南枝向暖北枝寒」，所以向南方的枝叶最浓密，最茂盛。篆文南字从巿，表示枝叶蓬勃生長，包含着先民的观察经验。

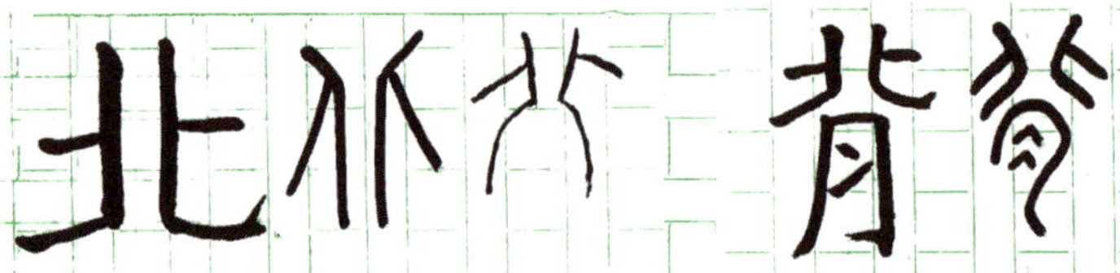

篆文　甲骨文　篆文

古代战争，打了败仗，谓之"败北"。是说北方败给了南方吗？不是。败北之北不指方向，无关南北。北在这里作背字讲，北是背的古写。当初没有背字，只有北字，北就是背。双方打仗，面对面打。一方败了，回头逃走，背向敌人，就叫"败北"。胜方追逐败方，就叫"追奔逐北"。

最早造这北字，只是用来指我们的背部，没有半点指方向的意思。背部要象形很困难，只好象意。甲骨文画两人背对背，表示这是背部。经过金文、篆文、隶书、楷书，直到现代的印刷体，北字仍然是两人背对背，不过都坐下来而已。

背部的北怎会变成方向的北？前面说了，在北半球高纬度的黄河流域，房屋例皆坐北朝南，这有利于采光取暖，原因是太阳的视轨迹偏向南天。人坐室中，面向南窗。此时所谓北方，就是背向之方。岂止民居，便是庙宇、衙门、宫殿，莫不坐北朝南。朝廷谓之"北阙"，称孤必须"南面"，都不是毫无道理的。

（15）进取

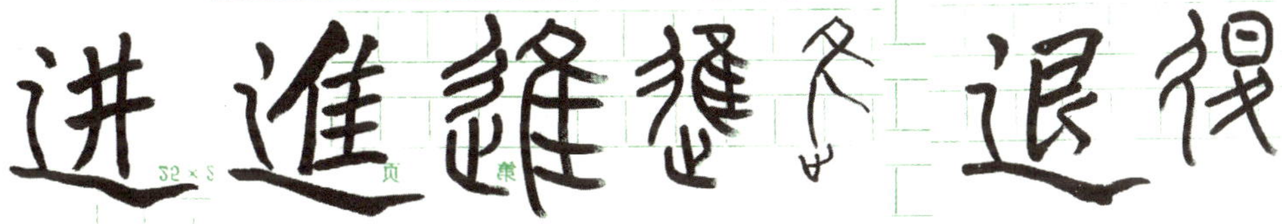

繁体　篆文　金文　甲骨文　篆文

进的繁体作進。篆文進从隹zhuī（短尾鸟类），二从行省，三从止。隶变成楷书后，行省与止合成"走之"，从隹仍然照旧。金文進同篆文。甲骨文進，尚未从行省，只从止。止（趾）象左脚形，从止表示和走动有关系。已经从止，不必又从行省，走动就是行走嘛，一回事。走动，行走，说的都是人类，这和鸟类有啥关系。若无关系，進字从隹便是一大疑案。许慎也觉得从隹没道理，所以《说文解字》不说从隹，而说成"藺省声"。意思是進字用藺做声符，省掉草头省掉门罢了，并非从隹，实在与鸟类没关系。一大疑案，许老夫子轻易解决，事情就圆满了。

不过我想另作解释。先民观察动物，发现兽类既能前进，又能后退，而鸟类却只能向前飞，不能向后飞，所以甲骨文用隹表示向前进。隹下一止（趾）不表行走，而表飞行。

顺便说退。篆文退同样有三从，一从日，二从行省，三从变形的止。造退字的思路与造進字相同。退从日，是因为太阳在黄道上自西向东退行。太阳东起西落，看似在向前进。古代天文学家知道太阳在黄道十二宫日日退行，谓之"日躔"。造字者用日来表示后退，正如用隹表示前进。進简化成进，是说前去跳井吗？进字不通，字形又不受看。

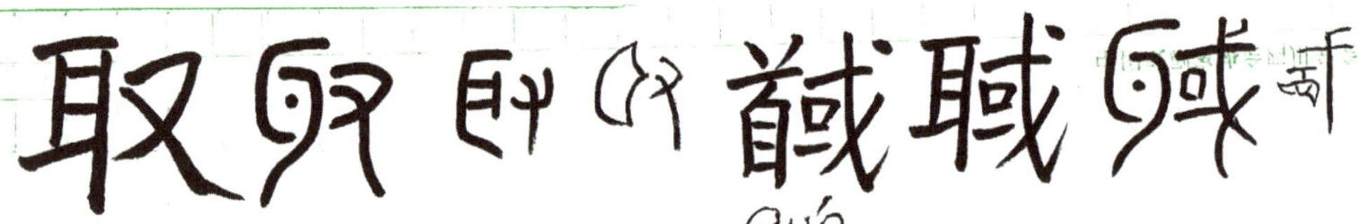

guó

篆文　金文　甲骨文　　异体　篆文　甲骨文

取得，取钱，取乐，皆快意事。今人已忘却取字的残酷，懒得过问取字为何从耳。《周礼》规定被俘之敌要“取左耳”，割下送到庆功大会献给神灵（他们也嗜血啊）。神龛上一堆血淋淋的耳朵，胜者坐在下面喝酒吃肉，够兽性了。虽然割取耳朵，这叫生取，算不错了。还有杀取，那是打仗砍断敌头，割下左耳，拿去请功，更见恶劣。甲骨文取，从又从耳，右手拿着耳朵。不学认字，你会误以为是在掏耳朵。蜀人掏耳垢谓之“取酥耳”，掏得人全身都酥麻了，安逸得蹦。金文耳廓趋方，耳孔太大。篆文象左耳形，两划一点，甚妙。

看了馘guó字，你才晓得还有更恶劣的。馘字从首或声（或就是繁体國）。从首，是砍脑袋。杀死敌人，砍下脑袋，拿去请功。史称“秦人重首功”，脑袋砍得越多，军阶提升越高，打仗捞官做啊。脑袋多了不好拿，改成割耳朵。秦国战士腰系一绳，耳朵穿了一串，得意凯旋。这样才有了异体的聝字，从首改成从耳。为啥指定左耳？防作弊嘛。甲骨文聝，用眼睛和额头代表脑袋，戈做声符。

（16）斗争

dǒu 篆文 金文 甲骨文

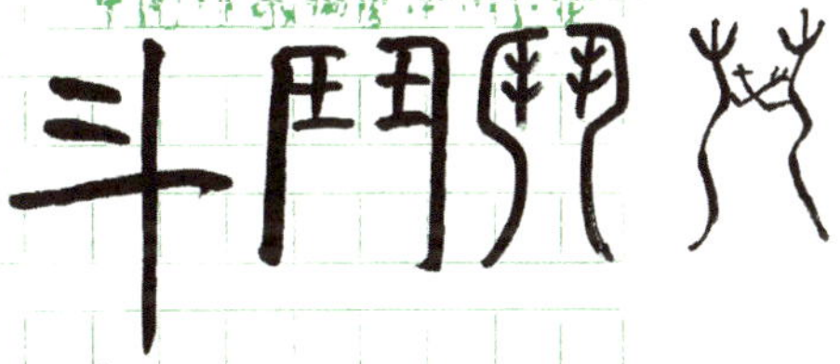

dòu 繁体 篆文 甲骨文

斗dǒu，名词，包括餐具类的羹斗和量具类的米斗。甲骨文斗象羹斗形。古曰羹斗，今叫汤瓢。金文继承甲骨文，仍然像汤瓢。篆文乱变，就不像了。羹斗瓢体圆大而重，被视为头，瓢柄细长而轻，被视为脚。头圆大，脚细长，上重下轻，站立不稳，就会跌倒，所以叫“跌羹斗”。俗作“跟头”，不对。

金属瓢体曰魁，古名斗魁。木质瓢柄曰杓，古名斗柄。北斗七星，四颗星构成方形的斗魁，三颗星连成折线的斗柄，所以民间叫瓢儿星。羹斗之外，还有酒斗。古代聚饮，斟酒不用酒壶或酒瓶，而用酒斗（就是酒瓢）从酒坛舀出来，斟入杯中。明瞭这点，就懂得斟字为何要从斗。酒瓢伸进酒坛舀酒，瓢柄必斜。明瞭这点，就懂得斜字为何要从斗。“李白斗酒诗百篇”，一瓢酒而已，并非豪饮。

木制量具米斗无柄，呈正方立体空箱形，下大上小，像埃及金字塔拦腰横截不要上段。旧时一斗米重三十六斤。米斗二字组成料字，义为量米。作动词用，料就是量，所以蜀人说“料你娃不敢”或“量你娃不敢”。米斗四壁斜坡之形，而上，所以形容山势斗峭，谓其峭若斗壁。后人不懂，硬造陡字，写成"陡峭"。积非成是，由他去吧。

斗dòu，动词，繁体作鬥。看甲骨文才明白，是两人面对面，怒发上冲，互相抓扯，正要打架。篆文掩饰暴行，不见歪人出丑。繁体鬧和鬩本来都从鬥，鬧是打鬧，鬩是"鬩墙"，都简化成闹和阋了。

繁体爭字由篆文来。篆文是上面一只手，下面一只手，代表两个人，正在抢夺一枝权杖。《说文解字》："爭，引也。"引者牵引，拖拉。两人各自拖拉，彼此不肯松手放弃，抢夺之义自然显示，这是象意。抢班是爭，夺权是爭。抢真理是论爭，夺领土是战爭。古代最低级的爭持，看了甲骨文才明白，是上下各一手在拖拉一只缶，蜀人叫瓦缽缽。繁体缽字从缶，简化成钵从金。既是瓦缽，从金大谬。篆文缶，拿掉上面声符的午字，便留下缽缽形，一望而知。瓦缽缽是用来盛饭的，一日三餐赖此，不可或缺。民以食为天嘛，首先要爭这个。

繁体鬥爭二字一旦联缀，就庄严起来了。

(17)公私

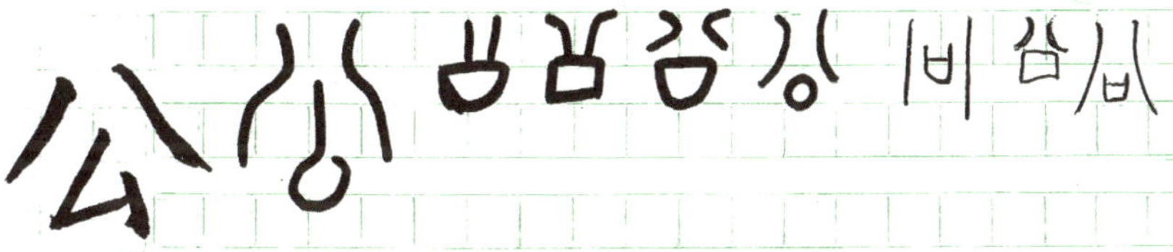

篆文　四个金文　三个甲骨文

土陶烧制的巨型酒坛子，小口大腹尖底，蜀人叫内江坛子。附耳坛口之上，能听见嗡嗡的混响声。"其名自呼"，所以名瓮，繁体作甕，通称瓮坛。难怪感冒鼻塞，人说"说话瓮声瓮气"，某人鼻孔内有息肉堵塞着，被呼为"瓮鼻子"。甲骨文公，下面象形小口，上面表示嗡嗡声的传播，酒坛子的本体就省略不画了。这个公字是瓮字的雏型，后来添瓦的。公本是瓮。卜辞中有"三公""多公""王公"，指商朝已故的先公先王，甲骨无一处指酒坛子的，可知该公字是借用的了。王室衮衮诸公，大都吃得肥胖胖，大腹便便，体型正像巨型瓮坛，所以尊称曰公。《诗经》有"夙夜在公"，又有"公堂"，公比喻指王公贵族，绝无公共、公平、公有之义，更与大公无私不沾边。

春秋之战国百家争鸣，法家韩非由于敌视平民拥有私产，害怕百姓富了不好统治，又不懂文字学，所以才著书说："自营为厶，背厶为公。"厶是私字古写。许慎外儒内法，《说文解字》乃云："公，平分也。从八从厶。八犹背也。"完全附合韩非之说。八原本是扒树皮的扒字，无背离之义。厶象形，也没有私有之义。周朝的王公们自认为代表全民，于是有了"天下为公"之说，接着造出公共、公平、公有诸词，公字的本义从此隐没了。

私厶 苡以

古写 篆文 甲骨文　　古写 金文 甲骨文

私厶苡字同源，在甲骨文都象薏苡形。最初是同一个字，后演变成不同的两个字，读音也互异了。私 SI 苡 Yǐ 今音互异，古音相通。古音为啥相通，道理就不说了，怕大家烦。

薏苡属禾本科，开红白花在叶腋，颗果实椭圆形，有硬壳，看甲骨文便知其形状。俗呼药玉米、回回米、薏珠子。脱壳便成苡仁，色白，入药。金文正是苡和人的字组合，义指苡仁。古写作以，后加草头作苡。

私字古音通苡。从禾说明私这种作物属禾本科。从厶说明这是种植作物薏苡植株。私字本来不含私有之义，更非所谓"营私"，它只是农作物之一种而已。不过这种农作物和小米、水稻、高粱、稷子有所不同。这些农产品能拿去交公粮，薏苡却不能，可以由农户自己处理，或出售，或自享。私既然由自己处理，便孳生出私有之义，而与公有概念对立起来。当时所谓公有，指"多公"即统治者之所有，含义与今迥然不同。

（18）集会

中国作家协会四川分会

两个篆文　金文　甲骨文　篆文

诗集，文集，选集，全集，赶集，集体，集团，集中，集合，集会，皆属人事。当初造字，集字就该从人，有个人旁才对。为啥不从人，而从隹（鸟类）？这样岂不是人禽不分了？我说，这正显示出汉字之妙用。汉字用比喻的办法去追求一字的多用，一词的广用，一义的泛用。这是俭约美德在文字语言上的体现。吾国同胞只须认得三千个字，便能阅读报刊杂志，看公告，写私信，记日记，做个小小文化人了。英文单词1950年代共有二十五万，今已突破百万大关。我们只凭那三千字，就能做科学家。如此俭约，有大智慧存焉。

回头说集。此字从一鸟或三鸟，来栖树上。看金文好像是乌鸦。乌鸦群集，拿来比喻人事，便装配出前面所举的许多词组来。看甲骨文鸟正飞来，来集之义自出。

乌鸦群集，噪声沸耳。篆文噪字树上三口，不说也懂，那是鸟口，不可能是人的嘴巴。造字者之诙谐有趣，令人莞尔。

25×20=500　Ch001.60.93.9　第　页

繁体　篆文　两个金文　甲骨文　篆文　甲骨文

传说"禹会诸侯于涂山，执玉帛者万国"。我去安徽涂山看过，那里有一片小平原，能容纳万国代表开大会。上万人来开会，解食宿是个难题。就吃窝窝头吧，总得事先搓好蒸熟，开饭时笼屉里快速地溜一溜。蒸窝窝头上万，要备多少笼屉？想来教人头晕。造字者印象深，叫他造个会字，他就想起蒸笼蒸屉。甲骨文会正是蒸笼内装食物，其下有锅，一缕蒸气上冲。到金文变成两层蒸屉，或不用屉，用大蒸桶，内设纵格，饭菜分蒸，外设双耳，以便杠抬。笼屉内的那些点点滴滴，我想是窝窝头，而非千元一客的鲍鱼吧。到篆文省掉了双耳，蒸桶内容也简化了。会的繁体作會，完全继承篆文。會字下面始终是笼屉与锅。

會字上面从合省。合，集合。与會人数众多，来自五湖四海，到此集合。如果没有这个合省，只见笼屉与锅，就不成其为會字了。合的本义是一只盒，象盒盖与盒体之形，名词。动词集合已非合的本义，而是变换词性后的衍义。

（19）兵法

篆文　甲骨文　　篆文　甲骨文

兵不是苏二姐（soldier），亦非丘八。兵是木匠用的一种铲削工具，今名曰锛。兵bing锛bēn音转，不足怪也。篆文兵双手握斤，甲骨文兵也这样。所以你很容易得出结论，说斤就是锛。错了。斤是长柄斧，砍匠用。斧是短柄斧，木匠用。锛非斧类，俗呼锛锄。功能类似农夫铲锄杂草用的轻型片锄，故呼锛锄。元木表面凸凹不平，木匠双手举锛柄，就像田间铲草那样，锄之使平。斧类無论短柄长柄，皆可一手执而挥砍。锛则非用双手拱执不可。拱双手而执之是用锛的必要条件，所以兵字从拱（双手），借斤来象锛形。内行一见拱执，便知所握是锛，而非长柄斧的斤了。

兵虽然是工具，古人用石锛也可作武器。进而以青铜锛概括各类武器，通称兵器。后来又呼持兵器的士卒曰兵，就像重庆人抬工呼棒棒，遂使锛文隐没。今人不知兵字从拱（双手）从斤，所以拆作丘八，字认错了。

斤既然是长柄砍斧，伐木用者，为何变成重量单位，一斤十六两呢？原来楚国铸造方正形的金版，略似斧斤之头，作价值流通用，谓之楚斤。方版正面凸线纵横三，划成方格十六，一挌重量一两。从此斤成重量单位，一斤十六两。为啥不用十进位？回答是十六进位，一斤能等分到底，而不带小数点。这样方便。若是十进位，就有障碍了。

法灋廌

jiàn

古写　篆文　金文

甲骨文查不到法字。估计这个法字是陕甘一带周民族造的，所以商朝不用此字。法字古写从廌从去从水，三合一。廌jiàn是传说中的神兽，形状像牛，独角，夏游沼泽地带，冬入松柏林间，秉性正直。神送黄帝一廌，用来开庭判案，体现正义。在法庭上，廌能识别谁对谁错，自动上前触赶有过错的一方，法庭据此判决。从廌从去，是说神兽将罪人赶出法庭。从水，是说刑法公平如水。三合一造出了法字的古写。看篆文和金文，法庭上的画面生动有趣。单看去字，正是一人从地窖子逃去。

神送黄帝一廌，所以至今还说推薦（简化作荐）。

廌又名獬豸。古代法官戴獬豸帽，体现正义。

商朝虽然不用法字，但是甲骨文有独角的鹿，似乎应是廌字。

（20）折腾

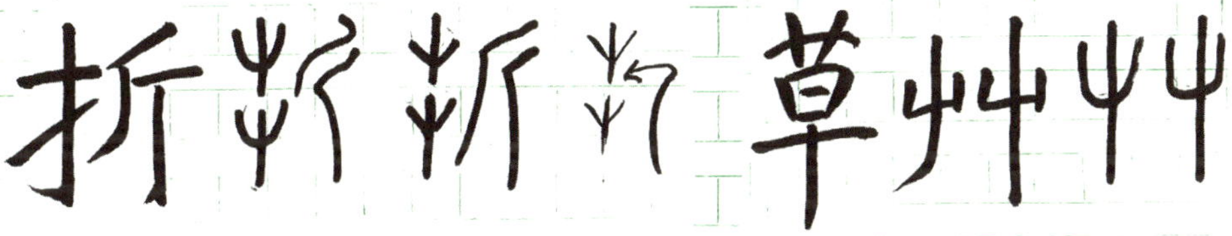

篆文　金文　甲骨文　　古写　篆文

折字写出来，左旁是所谓提手。看古文字这才知道不是提手，而是一茎断草。右旁是斤，长柄砍斧。世间哪有弱智用砍树的大斧去砍断一茎草的，岂有此理。农夫用铡刀切断饲草，喂给牲畜。奈何铡刀不好象形，便用斤的象形顶替，所以折字就从斤了，不得已嘛。到此我们明白，折字就是铡字，折草者铡草也。折zhē铡zhá双声互转嘛。

至于草这个字，原本是青枫树结皂斗的皂字，借用作艸。艸是古写，两株小屮代表百艸，象形。草字借用既久，古写的艸只好休息，被人忘记。

回头说折。折字义为折断，泛用之就有了打断、中断、返回、倒转诸义。一件好事正在推进，忽被打断叫停，这就是折腾的折。

繁体　篆文　　篆文　金文　甲骨文

腾的繁体作騰。字从馬（简作马），义为馬之奔腾，腾跃。泛用之就有了飞腾、腾云诸词。折字意思消极负面，腾字意思积极正面，彼此相反。缀成折腾，是先折后腾吗？比如说你正在向前面飞跑，双手提着灭火器，忽被阻拦叫停。停了好久，又命令你赶快奔腾，腾跃，这就是折腾吗？如果这就是，折腾也不错。他毕竟明白刚才叫停叫错了。知错能改，现场就改，那是好领导嘛。试改腾为屯tún，如何？

你看这个屯字十分有趣。一横是地平线，许慎说的"划分天地"。一株小草正在向上挣扎，草尖刚冒出地平线，根茎却在重压之下都扭歪了。所以屯有被阻滞义。迟迟不得前进，文言谓之屯邅。军队留在原地垦殖，谓之屯田，也取滞留之义。先折，叫你停步。后屯，叫你滞留。折屯比折腾更到位。若嫌折屯生造，还可考虑"蹭蹬"。蹭蹬cèngdèng义为行路受阻，泛喻人生遭遇挫折。或许蹭蹬二字音讹，误作折腾？

腾用朕做纯声符。朕，朕兆。兆是甲骨裂纹，朕是船体裂缝。检查船板是否裂缝，举火隔板照看便知，所以篆文朕从舟，从拱，从火，三合一。甲骨文不从火而从棍（直长杠是棍字），是因为不用灯照而用棍敲，同样能侦听出裂缝来。今人皆知帝王称朕，不知朕是借字。本字以音求之，即今之咱zán。秦朝以前，常人都可以自称朕。朕做声符，并不参与腾义，是纯声符。

（21）书史

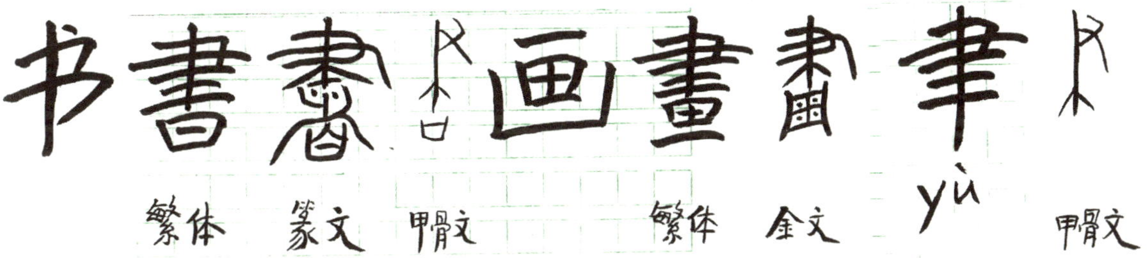

书字繁体作書。篆文書从聿yù，者声。者是煮的古写。篆文者画的是一口锅煮着，锅上香气喷射，溅起两滴水点。者（煮）声与著声近，所以《说文解字》云：“書，著也。”本义不指書籍，而是著述，动词。著述之事，必须先备原料佐料，配伍恰当，依次投入，还要掌握火候，与炊煮差不多。难怪又说著作家是“煮字疗饥”。

書字从聿。甲骨文聿像一枝筆（简作笔），右手握着木杆一端。毫线扎毛的写字工具，古代楚国叫聿，吴国叫不律，秦国叫筆。注意，不律急读，就拼成筆，所以《尔雅》说“不律谓之筆”。史称秦国蒙恬造筆，是他将毫毛紧束成锥形，纳入竹管之内，聿就变成筆了。

画字繁体作畫。金文畫从聿，本义为作图，动词。聿下似田字，内有四点者，为古文周。周者，四周，周界。旧时买卖房地产的契约，例皆写明“四至”，此即周也。金文畫从周，演变成从田，义为畫田界。后来畫作名词用了，不得不另造劃（简作划）。劃从刀，刀刻劃。旧时少年劃甘蔗赛刀法，正是用的劃字。

四个金文　　两个甲骨文　　篆文

五经博士许慎惯用儒家理想解字，所以《说文解字》这样释史："史，记事者也。从又执中。中，正也。"意谓史官必须严守中正，不要偏左偏右。周朝史官太多，大史小史，内史外史，左史右史，御史女史，难道他们天天都在写历史吗？商朝卜辞所见史字，都应作事字讲。甲骨文无事字，史就是事。到了周初金文，史字添笔画，才造出事字。甲骨文史，右手所执绝非中字，当时中字没有那样写的。甲骨文和金文中字都画圆圈，中央插旗。圆圈者营地也。军旗插在营地中央，显出中义。至于甲骨文史，我猜是象意字，详说之。

周代所谓的事，专指政事而言。政事无形可象，只好另打主意。我看右手所执该是长柄钲铃，古名丁宁。长柄顶端，铃口向上，内设固定木舌。村官高举摇之，铃碰木舌，金声远播，通知村民速来，恭听宣布政事。旧时鸣锣敲钟，聚众开会，与古代摇铃同。金文有钲铃上插旗的，表示官方使臣来了。史，吏，事，使，最初是一个字。后世庶务日繁，方才各立门户，一分为四。

(22) 真信

篆文 古文 金文 甲骨文 金文 甲骨文

真这个字，真真使我狂喜，心想："这不就是飞碟！"《说文解字》认为篆文真字象"仙人变形而登天"之意。许慎说解真字，上部乃是化字古写，不要人旁；中间一目，是说"养生之道，耳目为先"；目下一折线是隐字古写，意谓变化隐身；下部左右两撇是飞升的乘具，古名曰跡。如此解说未免啰唆，不如直接看古文真，一目了然。仙人仰卧在一只扁球形乘具的顶部。乘具中部一横杠是舷窗。乘具下部表示喷气升空。哎呀，真是飞碟！

我的狂喜最终破灭，始于貞（简作贞）字金文给我泼了一瓢冷水。原来所谓仙人仰卧飞碟顶部，喷气升空的金文真，是从金文貞字演变来的。金文貞字从卜，鼎声。事主心头有疑，前来问卜，这就叫貞。卜师观察兆纹，解答吉凶，这就叫占。貞占都属专业用语。貞义为问。貞就是偵。偵察，偵讯，皆含询问打听之义。金文真字从人，貞省声，何来飞碟！

真字晚出，专为宣扬神仙观念而造，见于道家典籍。儒家典籍不见真字，只用诚字包揽其义。道家说真人乃指仙人。

被我误解为飞碟的古文真，其实是从金文真字传承来的。下面是一只鼎做声符，绝非飞碟。解释字形，应具保守心态，不可标新立异。许慎已经解说错了，而我错得更加离谱。

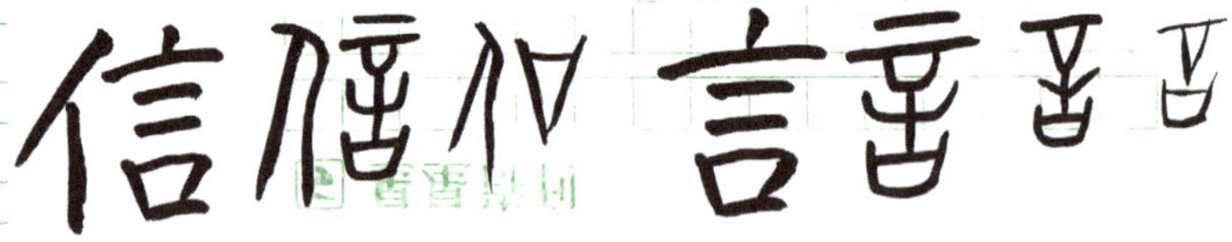

篆文　古文　　篆文　金文　甲骨文

"人言为信"，两千年前古人已经说过，迄今仍无异义，看来是定论了。儒家道德要求说话应该兑现，是为诚信。虽然应该，其实人言未必可信。《诗经·郑风·扬之水》："扬之水，不流束薪。终鲜兄弟，维予二人。无信人之言，人实不信。"须知世间多有无信之人，所以他人的话，你别轻易相信。这不是在唱反调吗？

请看信字古文，从人从口，而不从言。"人口为信"或许是指带口信吧，亦即帮人传话。古称使臣为信，又称信使，正用信字本义。帮人传话不得加油添醋，亦不允许七折八扣，这才引申出诚信一义来。信用啦信仰啦迷信啦相信啦更是后起之义了。

篆文言从口辛声，是普通的形声字。声符辛象雕刀之形，看甲骨文便明显了。辛即镂刻的镌。二十世纪三十年代苏联作家伊林《书的故事》说中国的言字象声波从口上传播之意，想当然嘛。

（23）教育

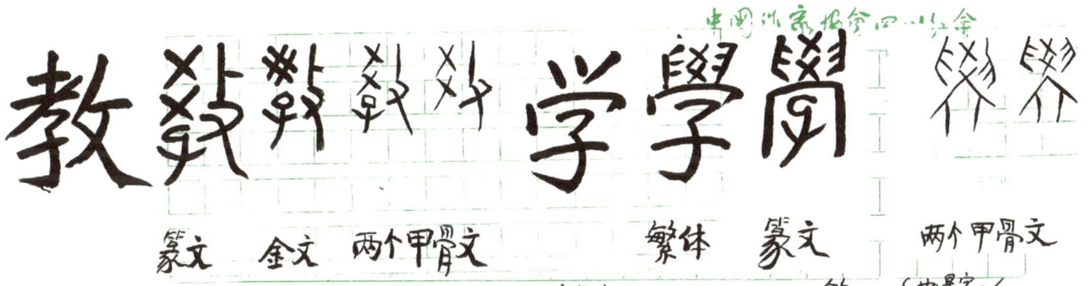

教字看篆文才晓得左旁并非孝字，而右旁的反文也是字，音pū，其形为手举棍，其义为打，不妨视为今之扑字。扑是简体，繁体作撲。教字暴露了古代教育方法的阴暗面，就是体罚娃娃。篆文教从扑从子，爻声。爻yáo旧音xiáo，古音也可读jiào。俗语为体罚辩护云："不打不成人，黄荆条子出好人。"黄荆树枝条具弹性，挥抽有力，古名夏楚。许慎解释教字，绕开体罚，只说"上施下效"。施是施加夏楚，效是效法"好人"。看这教字或许是指家庭训子。旧时孩童顽劣，父母气愤，施夏楚乃家常便饭，实不足怪。

學是繁体，學的古音与教同读，所以學字也用爻作声符。篆文學象小子走进學堂大门，让我们回想起背书包进校门的情景，这學字真亲切。上面为何伸出双手？难道要抱我们？非也。在下猜疑多年，不得其解。后读陈独秀的《小学识字教本》，才晓得这是在上算数课，没有教具，设施简陋，古代穷嘛，老师叫同学们伸出十指，教数一二三四。满十进位，又从头数起来。孔子以前只有官學，《周礼》称为国學。陈独秀书名的"小学"乃指清代乾嘉以来的文字学、音韵学、训诂学，非今之小学校。文字音韵训诂之学，后来也称国学，亦非今之所谓国学。

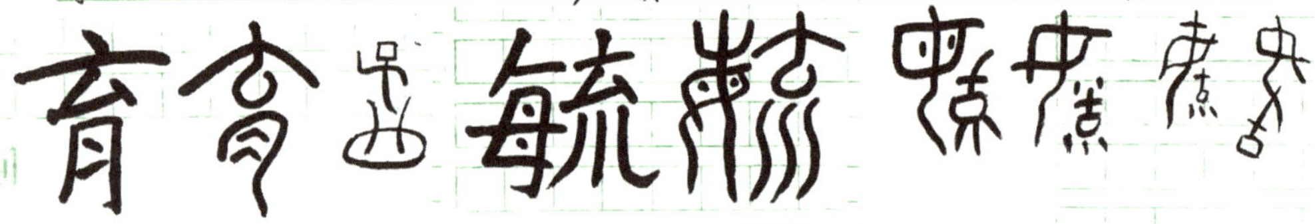

篆文　甲骨文　篆文　两个金文　两个甲骨文

《说文解字》："育，养子使作善也。"使作善者，做好人也。其实育字本义只是生育，并非教育。篆文育从倒子，肉声。甲骨文育，下象女阴形，胎儿生出来，当然是分娩了。女阴形不雅，篆文改作肉，做声符。若不是后来发现甲骨文，你会认为最初造这育字就是个形声字。

毓是育的异体。所谓异体者，音同义同而形不同也。篆文毓左旁每（美妇），不妨当作母字，乃指产妇，右旁倒子，胎儿头先出来。这是顺产，所以从川。川乃河川，顺流，川便有了顺义。金文一是母产倒子，胎发可见，另一是女产倒子，莫不数点羊水。甲骨文皆女产，是一脚尚未出，表示正在生嘛，尤妙。

就字本义而言，教育应该说成"育教"。先育出，后来才教。说成教育，是用育字的引申义，指培育而言。

(24) 复兴

繁体　两个篆文　两个金文　甲骨文　繁体　篆文

复字繁体作復。其实复字古已有之，年纪比復字更老，甲骨文里已有这个复字。甲骨文复，下是倒写的止（趾），上象一种炊具名鍑（简作𫔍）之形。本来古代蒸锅名釜，蒸屉名甑。釜、甑配成套，连称釜甑，见于《孟子》。有时釜甑可以单称，就一个字，鍑。甲骨文复，蒸锅下带脚架，上置蒸屉。只是为了刻写方便，圆蒸锅变成了方箱子，让我们不容易看出来这是象形。蒸锅上置蒸屉，生出重复二义。其下倒写止字，与行走有关系，所以许慎解说复字本义为“行故道”，也就是“走老路”。走老路又转义为復兴，为複数。復複又同样简作复，返回到甲骨文，这害得我半天说不清楚。读者其谅我乎？

到了金文，蒸锅有时圆形，蒸屉重叠为二为三。到了篆文，蒸屉变成二圆一盖，蒸锅被省掉，更难认出象鍑之形。如果只看这二圆和一盖，不看金文，更不看甲骨文，断难认出这就是蒸锅和蒸屉配成套的鍑。总之，鍑是複合式的炊具，金属制成，用于蒸熟食物，相当于后世的几只蒸笼再加上一口锅。古文字里，鍑有以下八种象形。

篆文　四个金文　三个甲骨文

兴 興 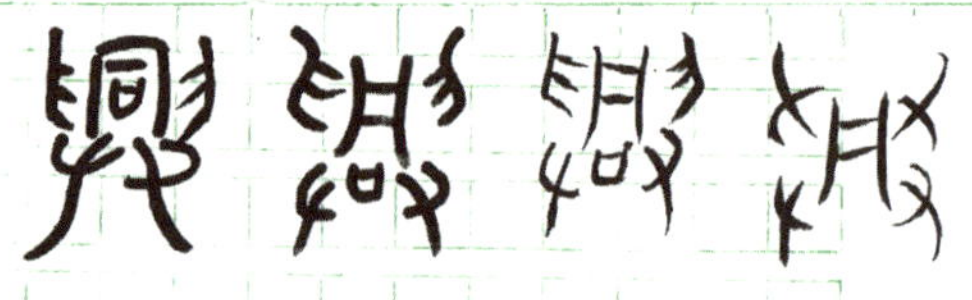

繁体　篆文　金文　两个甲骨文

興（简作兴）字上下四只手，中间一个同，是在表示四人同时出手吗？《说文解字》："興，起也。同，同力也。"所以，历来文字学家认为，这是多人抬重物。有说抬船帆的，有说抬巨盘的，有说抬井栏的，不一。

看甲骨文，我猜想这不是在抬重物，而是二人面对面在打夯。旧时建筑工地上，没有打夯机，全靠手工夯。四人夯具为圆木柱，柱端铁头，柱腰横插手柄，四人各站一方，同时举起投下，筑紧地基，使其坚固。二人夯具为方石柱，两棍夹柱捆紧，二人对面站立，同时举起投下。没想你从空中俯视，所见场面正如甲骨文興。打夯必须用力举起，所以興训"起也"。我们至今还说興起，振興啦復興啦时興啦皆含起来之意。《诗经》每首起头多用"起興"手法，起即興也。少时听打夯者唱号子："修起那个儿子住哟，嗨！"精神胜利可解之也。说到这里，恍然憬悟，难怪甲骨文和金文有从口的，夯具下加一口，打夯唱夯子嘛。到篆文口与夯相结合，从興字内独之出来，这便是晚造的同字。

最后大悟，天啦，興字最初就是夯字。行既可以音háng，興也可以音hāng，正是夯嘛。训"起也"应该是后来的转义了。

（25）工作

篆文　金文　三个甲骨文

黄河流域古人类最早的建筑工程，除了挖窑洞，掘地窖，就该是搭独木桥了。工字象独木桥搭在两岸之形。搭独木桥，要先砍树，锯断，铲皮，铸平，一系列的劳作。最后两岸掘土成凹，桥体方能搭建起来。《孟子·离娄》讲仁政，要求“岁十一月徒杠成”，免得民众冬天涉水受寒。徒杠即独木桥。杠字木旁应该是后添的，我想最初工就是独木桥。工杠可音转嘛。《说文解字》说法不同：“杠，床前横木也。”蜀人叫前床枋。我看这应是引申义，杠字本义还得是独木桥。两人同抬一物，横梁好似独木桥之搭在两岸，所以跟着叫抬杠。雨后放晴，天上现七彩之弓，亦因似桥，而名虹（蜀音同杠）。便是前床枋，横搁在两柱之间，才跟着叫床杠。

亦因先有独木桥，似独木桥，而合造工字。商朝卜辞已有“多工”记载，到周朝称“百工”。近百年来更有工程、工业、工作、工人诸词，致使工字衍义大大扩张，而其独木桥之本义遂淹没不彰矣。

读者注意，甲骨文和金文的工，字形有变异的，那是画蛇添脚。到了篆文，幸好迷途知返，仍回归最初的甲骨文。

作乍 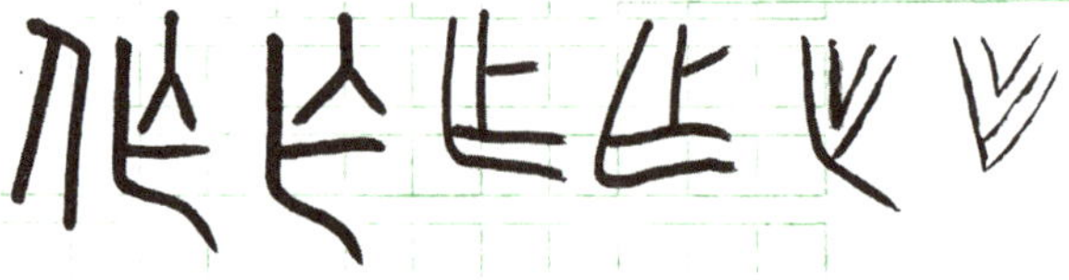

古写　两个篆文　两个金文　两个甲骨文

作字从人乍声。作，为也，这是雅解。作，做也，这是俗解。雅俗都行，意思相同。金文和甲骨文有乍无作，因为乍是作字古写。到了篆文，乍字才添人旁，造成作字，用至今日。

《说文解字》认为乍字从亡从一，是"止亡的词"。意思是犯罪想要逃亡，警员上前制止。乍字从一，一即表示制止。警员此时上前吼一声"咋"，此之谓"止亡词"。这种解释太可笑了。想必是那仓颉闲着没事，专门造个表达叱咤之声的乍（咋），给那警员使用？

看甲骨文，才猜到乍是个象意字，画的是古时候榨汁或者榨油。乍就是榨，或者说，乍榨古今字。甲骨文所见为尖底容器，器内有物，器口上有尖楔向下敲入，榨出汁或油来。少时见过故乡油房榨菜子油，榨匠吼号子，举重锤猛敲木楔，强压出油，欸欸有声。干这重活，一天吃五顿饭，还用油泡，体能消耗可知。今之所谓敲诈，即敲榨也。

三千五百年前商朝卜辞，乍（作）字已从榨汁榨油本义扩大到泛指做各种事情，例如"作邑""作寝""宾作""有作"都用作字。今日受薪做任何事都叫工作，这是榨油匠难以想象的。

(26) 九万

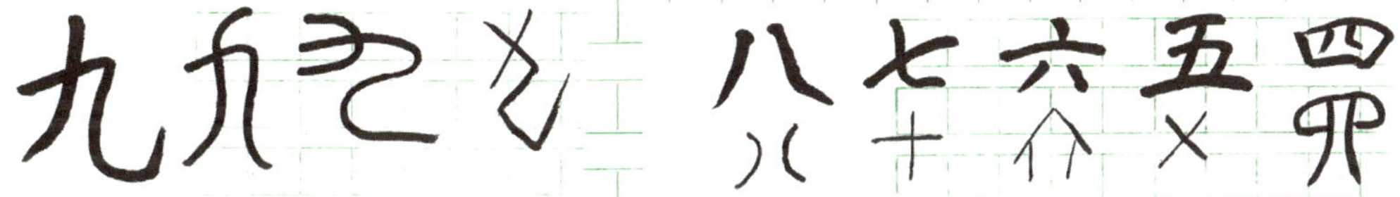

说九之前，请先说四五六七八。一二三就不必说了。四，甲骨文画四横，仿一二三。到篆文乃借用鼻涕的四（四象流鼻涕形）来顶替四横杠，又用泗字充当鼻涕。从四字起，五六七八九都是借字了。甲骨文五，打个叉叉，义为禁止，就是毋（狗都会发这个音）。甲骨文六，象房屋形，就是廬（简作庐）。甲骨文七，象切割意（想想切葱），就是切。甲骨文八，象皮意，就是扒（bā）。

九象吾人肘臂之形。金文最明显，伸出右手，省为三指，掌关节转第一弯，肘关节转第二弯，终端连接肩部。九就是肘。九被借做数目字后，不得不另造肘。肘字从寸，因为掌下一寸（合今半寸）叫寸口。中医切寸口脉在此处。肘之长度，以寸口为起点向上量，接肩而止。寸口实为肘臂起点。

抛这个字可以旁证九就是肘。抛字拆开，从手，从九，从力。吾人抛物，先要用手握住，然后发力挥肘，方可投远。抛是晚造俗字。《诗经·召南·摽有梅》写男女果园中互抛梅子求爱。摽抛古今字。这种风俗在蜀便是端午节打李子。

万萬 虿蠆 蝎蠍离

繁体 篆文 甲骨文 chài 繁体 xiē 繁体 古写 古文

萬（简作万）是象形字，一只举双螯而翘钩尾的蝎子，很吓人的。蠍被简化为蝎xiē，古写作离（简作离）。蝎为卵胎生的节肢动物，不属昆虫。蝎分两种：一种钩尾无毒刺，体型大，色灰黑，古名萬（简作万）；一种钩尾有毒刺，体型小，色灰黄，古名蠆chài（简作虿）。钩尾毒刺蜇人，痛得哎哟哭叫的是蠆，而非萬。《左传》上说“蜂蠆有毒”，《水浒》上说“蜂蠆入怀，随即解衣”，都不说萬有毒。禹，萬，离（蝎的古写），此三字的下方同样横出一只齐胸部的右手，古人借此表示敬礼的神虫。萬这种无毒蝎，举螯翘尾，威武踏步，步步逼人，样子可怕。周代武舞有所谓萬舞者，见于《诗经》，仿蝎步也。少时观前苏联哥萨克集体舞，有横举双刀，若螯，踏若节拍前进者，令人联想起周代的萬舞。萬古音与满同，所以被借用来指十千，表示数目大到极限，已满额了。久借不归，无毒蝎之本义遂被遗忘。

篆文蠆为萬添虫旁，表示有别于萬。今人养殖取蝎毒以入药用者，蠆也。旧时华北农村土屋木构，往往寄生毒蝎，今已鲜见。

（27）初表

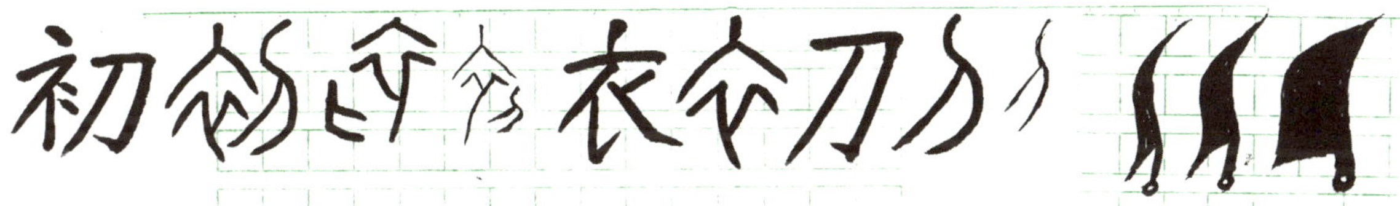

篆文　金文　甲骨文　篆文　篆文　甲骨文　刀形

初字义为开始。篆文从衣从刀，刀在这里专指剪刀。剪刀在手，剪布成片，缝片成衣。动剪刀为缝衣之始。如果不用形象的衣和形象的刀组合在一起，便很难表达出开始之义。用形象来表达意思，初就是象意字。初非一件物体，只是一个概念，没法象形，只好利用别的物件象意。从甲骨文到篆文，初字没有实质上的变异，字形稳定，至今如此。

初字所从之衣，篆文显示两袖与交领以象形。交领既有左掩右的，又有右掩左的，不一。左掩右的叫右衽（简作衽），右掩左的叫左衽。孔老夫子讲礼教，认为"披发左衽"属野蛮人。旧时男长衫女旗袍皆右衽，无左衽的，确系事实。衣字扩义使用，娃娃背袋叫"负儿衣"，小儿帽叫"头衣"，夜眠用被子叫"寝衣"，袜子叫"脚衣"，围裙叫"袆衣"，裤叫"胫衣"，皆见《说文解字》。

初字所从之刀，篆文说是象形，其实不像刀形。请看上图刀形，必须逐步地图案化，来一番变形后，方能趋向近似甲骨文和篆文。

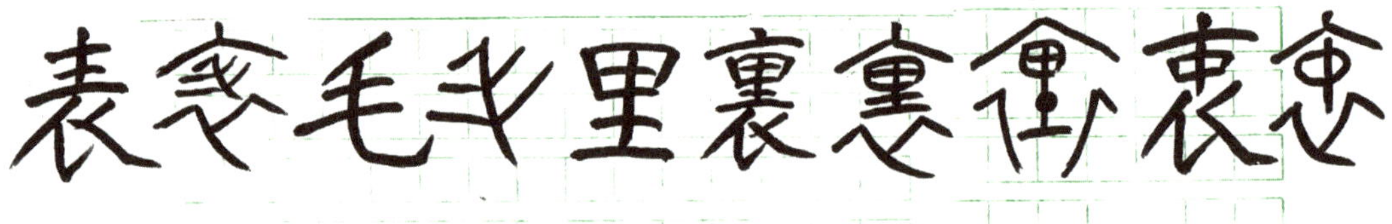

篆文　篆文　繁体　篆文　金文　篆文

表字从毛从衣，你以为指毛衣？非也。表指外衣，蜀称面衫。远古人披兽皮，兽毛向外，显示美观。后来兽皮剪裁，缝缀成裘，谨守传统，裘衣仍然是毛向外。又后来讲文明，毛茸茸不雅观，便在裘衣上罩一件外衣，同时起到保护作用。外衣，面衫，古语叫表。篆文表象衣在毛外之形，正是外衣。表面，表现，战表，仪表，诸词从外衣来。古人立竿野外，日下测量竿影之移动，用来报时，又测量正午竿影之长短，用来推算冬至夏至，都叫表竿。近代金属机械报时器也跟着叫錶（简作表），从金表声。

表字本指外衣，遂有外表一词。外家兄妹称表兄妹。旧时妻称内子，而外面姘居的叫外室，又叫婊子。表，外也。字画装潢曰裱，财物分送曰俵，亦外化也。

裏（简作里）指夹衣和棉衣的衬裏，俗呼裏子。里是简体字，又是正体字。公里，邻里，故里，都不能用裏字。有人显自己会写繁体字，成都的锦里他写成錦裏。

衷字从中从衣，指贴身的内衣。中，内也。衷心就是内心。

(28) 尺 寻

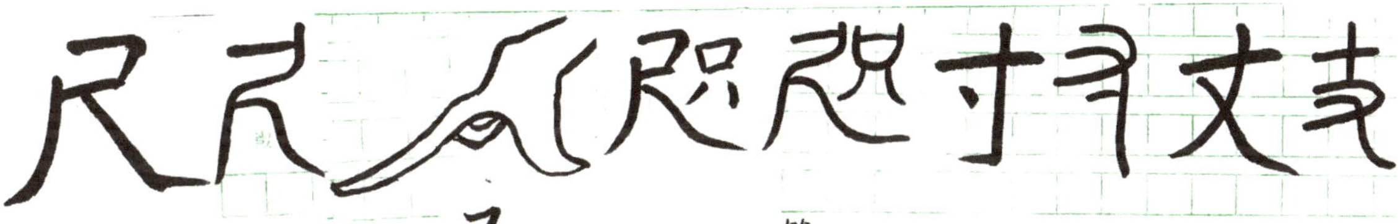

篆文 尺 篆文 篆文 篆文

古人说仓颉造字"近取诸身，远取诸物"。诸是之于二音拼成。"近取之于身，远取之于物。"造这个尺字正是"近取之于身"。请你伸出右手，张开虎口，用拇指和食指卡量桌面，然后偏头侧视。哈，正好看见一个尺字！《说文解字》认为尺字从尸从乙，显然解错了。尸象倚坐形，乙象燕飞形，皆与尺寸拉不上关系。据周代一尺合今五寸，这正是你一卡之长。尺字古音同卡qiǎ。难怪湖广话，吃饭说成qiāhuàn。你别笑，他们说古音呢！有昆虫的幼虫叫名尺蠖，长仅寸，却以尺取名，原因是它一缩一伸爬行，好似我们用拇指和食指卡量长度。这能旁证尺就是卡。

咫比尺短。周一尺，今五寸。周一咫，今四寸。咫字从尺从只，只亦声。篆文只象女手卡量之形。只，仅也，有短少义。

篆文寸象右手形。掌下一横所指，正是寸口位置。周一寸，今半寸。同样推算，周一丈，今五尺，即1.70公尺，正是鄙人身高。周代一般成年男子身高一丈，故称丈夫。篆文丈象右手高举杖弓之形。旧时丈量土地，使用丈弓。

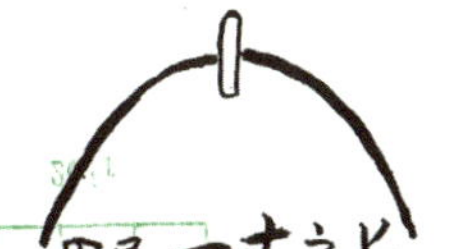

周尺一丈之长

寻 尋 𡬶 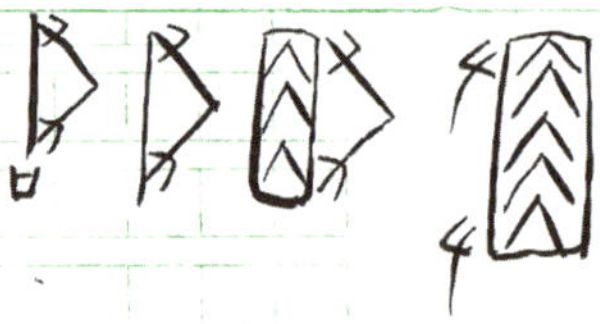 常 常 裳 常

繁体 篆文 四个甲骨文 篆文 篆文

前已说了，周代一尺合今五寸，周代一丈合今五尺。到了汉代，汉尺稍加长。周代一丈合汉八尺，合今五尺，正是中人身高1.70公尺。尋（简作寻）乃度量单位，汉代八尺为尋。汉代八尺仍然合今五尺，还是1.70公尺。甲骨文尋是象意字，象人展开双臂，横量床席长度之意。床席一条，编纹可见，铺在床褥上面，长度等于中人身高，又是1.70公尺（须知横展双臂之长等于自己身高）。甲骨文尋本属动词，义为展臂横量，所以卜辞有"王其尋舟于河"的问询，意思是问："商王可以乘舟横渡黄河吗？"怕遇风浪之险，事先卜问吉凶。到了汉代，动词尋才变成度量单位，方有"八尺为尋，倍尋为常"之说。从四个甲骨文可以看出床席从正视到侧视的简化。为何从口？又要展臂横量要报数嘛。到篆文侧视的床席又变成工字，又添加行字的左旁，表示此尋与行路有关系，其义同巡。现今说尋找，正是巡找也。

常裳本一字，义为裙。上曰衣，下曰裳。汉代八尺一尋。两尋，便是一丈六尺，一常，合今一丈。汉代布窄，缝裙用布两尋，已成惯例。尋常诸词由此产生。（常常、时常、平常）

(29) 吉凶

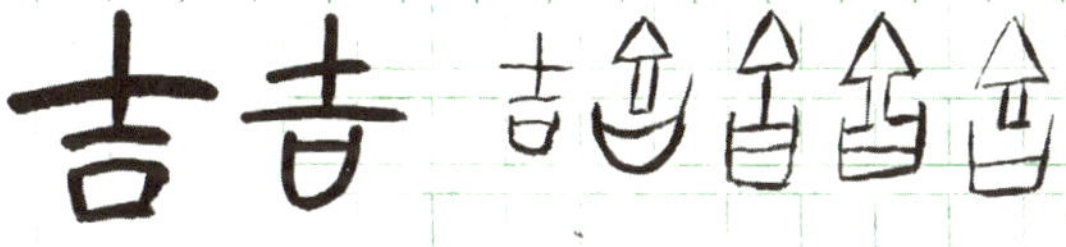

篆文　五个甲骨文

《说文解字》："吉，善也。从士口。"看甲骨文，这才晓得，吉字上既非士，下亦非口，根本不从士口，许慎错了。卜辞本是卜问吉凶的记事文字，文内常有吉字出现，还有"大吉""弘吉"。吉字意思表示肯定，卜问之事可行。吉就是善，善就是好，这没疑问。问题是造这个吉字，古人用了何物来象征吉祥的意思，弄清楚后才算认得字。现在要弄清楚，不能乱猜。

前辈文字学大家于省吾认为，吉字上面应该是某一件兵器，下面则是收检兵器的筐。兵器拆成零件，装回筐去，藏入府库，这便是人间最大吉祥。古人常说"兵凶战危"，晓得"兵者乃凶器"。如今刀枪入库，吉祥呈现。奈何刀枪入库，画起来场面大有困难。造字者改用象征的手法，以小喻大，画锐器装进筐内，而吉祥之意便显示出来，这是何等聪明！

犹记四十五年前，曾请教何剑熏教授，他转述四川文史馆刘孟伉馆长对吉字的解释，说从士从口，士指兵士，口管吃饭。古时一饭难求，吃粮投军便是吉利。当时觉得其说新奇可喜，浑忘却十年浩劫之将至。回忆至此，不胜感慨。

凶 凶 坎 凵 凵 陷 臽

篆文 篆文 甲骨文 古写 篆文 两个甲骨文

吉字既然训善，训好，凶字当然训恶，训坏。《说文解字》正是如此："凶，恶也。象地穿，交陷其中也。"地穿就是地面挖个竖穴，《易经》称之坎。成都旧有街名塘坎。塘指周围堤塘，坎指中间凹坎。看坎篆文，你便明白坎是何形。许慎认为凶字中间的交叉是交字，交陷入凹坎内。这个交叉字龄古老，早在山东城子崖黑陶文，已是计数的五。黑陶文在前，距今五千六年。甲骨文卜辞骨端刻有计数的五，甲骨文也是画个交叉。我看凶字借古文五作毋使用，表示制止，汝其毋来！凶字从凵坎，从五（毋），是象意字。

凡崖岸雪暴，星陨，山崩，地陷，河溃，海啸，莫不汹汹有声。先民一听汹汹声就晓得出事了。从语源去推测，凶字可能由此得声，所以读xiōng，而兼恶义、坏义。

凹坎上盖草皮，承了伪装，用以陷敌陷兽，这样的坎，改称陷阱。篆文陷象人失足落阱，作为掩饰，被坎中的锐器戳伤。臽是陷字古写，与凶同样从凵（坎）。因为不是自然形成，而是设计掘成，所以不能称坎，改称阱，俗呼为坑。

(30) 善良

篆文　篆文　金文　甲骨文　繁体　篆文

当今只问犯法不犯法，不问善良不善良。其实当初造这善字，只是想说羊肉味道很好而已，原不牵涉道德判断。善良，善意，慈善，行善，都是后起的正面字义。篆文善从羊，从二言。古文羊象羊头形，这是用局部象形代指整体。而在善字，这羊乃指羊肉。羊下二言，篆文言从口辛声。二言或许并非独立的两个言，我看该是篆文競之省（省掉二儿）。善从競省，而競象二儿争着讲话之意。小儿不懂谦让又好讨大人的夸奖，说他聪明，争着讲话原不足怪。在羊肉下面争着讲，当然是讲味道很好，"善哉羊也"，羊肉OK。造字者在天若有灵，一定笑得很幽默，我想。

从羊肉味道好，到泛指状况好，善字用于完善，例如"工欲善其事，必先利其器"，以及能歌善舞。若是善于投机取巧善于吹牛拍马，便做坏事也可以用善字了。

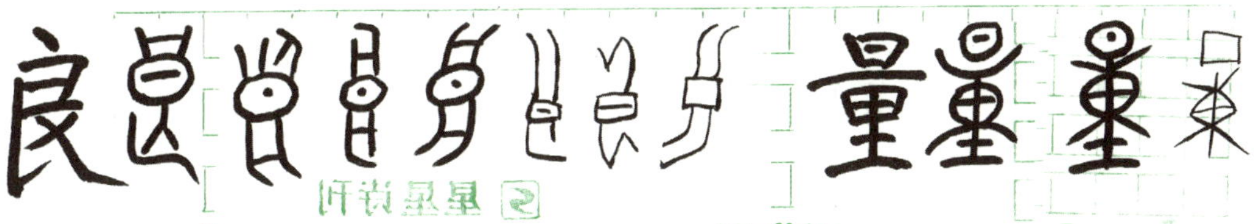

篆文　三个金文　三个甲骨文　篆文　金文　甲骨文

粮糧

繁体

良字《说文解字》训善，是后起的正面字义。本义所指为何，许慎弄不清楚。前已交代，他不知道商代有甲骨文的存在，更未见过。我们今日见到，能窥良字真相，所以弄得清楚。不是我们比他聪明，只是我们比他幸运。要认良字，请先了解旧时粮食买卖通用的量米斗。

斗dǒu（不是斗争的斗）是量米用的一种量器。旧时市场买米，不用秤称，而用斗量。斗为正方形的木制容器，底大，四壁向内倾斜，口小，形状像玛雅人的平顶金字塔。请看甲骨文良，中间方形象米市上常见的量米斗形。专业斗户端起撮箕，倾米成瀑，直泻斗中。泻满溢后，用概刮平。然后端起斗，把米倒进买家口袋。甲骨文良中间方形之上，象米泻入斗中；方形之下，象米倒进袋内。米之入斗出斗，两条悬瀑象意传神，极妙。金文继承，方斗变圆。后来斗上添人，指斗户也。篆文下面错成从亡，致使许慎认为亡是声符。

良指用斗量米，良量实为一字。甲骨文量，正方形象斗形，正方形下面是古称为橐tuó，今呼为驮子的米口袋。米口袋胀鼓鼓，两端用绳扎紧口子。可见米已入斗量过，倒进袋了。良量本是一字，所以糧食的糧可简作粮。所谓糧食者，量而食之也。旧时人家用升用合量米而炊。一斗十升，一升十合。人才必须量过，方能区别优劣。由此生出优良一词，良也就训善了。

(31) 美丽

篆文　两个甲骨文　　篆文　两个甲骨文　　篆文

《说文解字》："美，甘也。从羊大，羊在六畜主给膳也。"可见美指味道甘美，不是指艺术美。美学家说"羊大为美"，以此强调美具有物质性。唉，原文都未读懂，不知道许慎的意思是羊在六畜为大，是说羊肉第一味美。若论躯体大小，六畜的马牛猪岂不都比羊更大吗？羊肉味美六畜之中与艺术审美不相干，美学家是在架空立论啊！

美字是否从羊，不妨存疑。甲骨文美有从羊的，也有不像从羊，倒像头上插雉翎的，让我想起美洲印地安人头戴……鸵鸟羽毛。美字若是头戴雉翎，便该是指头饰之美。十九世纪欧洲妇女也时兴簪羽毛，以求美观。先民懂得赏美，哪能尽属饕餮之徒，只懂羊肉味道甘美。

另有每字，深可注意。《说文解字》认为每字从草母声，义指草盛。但是甲骨文每从女，女子头上该是发盛（岂能头上长草）。一头浓密青丝，横插发簪，古今佥以为美。发美，头饰美，皆美也。果如此则美每二字虽异形，实同义。

回头再说羊肉，确实味美。除非你是咬姜喝醋，味觉反常之人，才会反对羊肉。艺术审美，事关灵气，不可或缺。

缺乏灵气，精神残疾，固然不好，但也不必借此贬低味美。不过羊肉味美不叫美，而叫善。篆文善从羊，从二言，意思是人人争说羊肉好。善是羊肉好，泛用则指状况好，不涉道德判断。善良、善意、善行都是后来的说法了。

繁体　篆文　金文　古文　　篆文　金文　甲骨文

麗（简作丽）字从鹿，鹿之上象双鹿行走形。更早的古文麗，只见双鹿行走，其下本来无鹿。可能是怕后人认不出这是双鹿，才在下面添个从鹿，提醒此乃鹿也。殊不知麗本义为双鹿，一添就成三鹿，反而造成新的误会。单看鹿字，笔画比牛羊犬豕都复杂，足见先民非常重视这种大型猎物。鹿常结伴觅食，所以特别为双鹿造麗字。

二，古音lì。客家话至今二仍然读lì。麗与二古音同。二象两指，麗象二鹿，麗即二也。稍不同者，二泛用于计数，麗则专指双鹿，仅此而已。吾国先民看好偶数，以为吉祥。喜见事物之成双成对，文章也爱骈偶，建筑讲对称，美麗一词由此产生。夫妻成双，故称伉儷。伉谓其对称，儷谓其成双。儷为繁体，简作俪。古代送大礼，鹿皮两张，称“麗皮”。

（32）儿孙

中国作家协会四川分会

繁体　改画篆文　篆文　古文　两个金文　两个甲骨文

兒是繁体，古音不读ér，而读ní。客问："你怎知古音ní？"我答："用兒作声符的倪、霓、鲵、麑都读ní，不读ér。由此推测兒古音ní。古汉语无ér音。不但兒，甚至二、而、尔、迩、耳、饵都读ní呢。"后蜀花蕊夫人诗云："君王城上竖降旗，妾在深宫那得知。十四万人齐解甲，竟无一个是男兒。"兒读古音ní才押韵。唐代金昌绪诗云："打起黄莺兒，莫教枝上啼。啼时惊妾梦，不得到辽西。"兒也必须读古音ní。吾蜀方言，男ní女ní，是男兒女兒。

《说文解字》："兒，孺子也。"孺子即小娃娃。南北朝时《玉篇》方才男称兒，女称婴。其实婴字本来是指小女娃的项链贝壳，借用作小女娃。

现在看这兒字，篆文被误认为一腿弯的。我改画来一下，大家就明白了。原来是小娃娃炕床上爬，小屁股翘着呢。脑顶囟門未合，所以头上留缺。古文省掉头脸。金文强调光着臀部。甲骨文最古老，也就简略，眉毛和小屁股都省了。兒的简体作儿，字形近似古文。

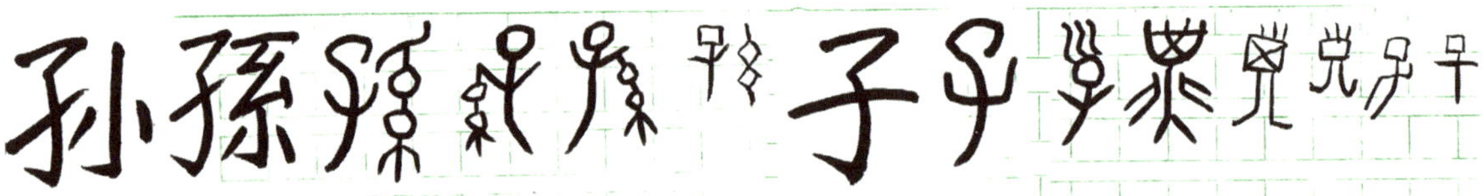

繁体 篆文 两个金文 甲骨文 篆文 古文 金文 四个甲骨文

孫（简作孙）字从子从系，义指子之子。子子孫孫延续成一系列，所以孫字从系。系篆文象一条绳悬挂着，是象意字。历来文字学家都是这样说的。不过看了金文和甲骨文，那时尚未造出系字，子旁只看见一条绳，就不好说从系。想起旧时小娃娃学走路，脚软站不稳，当妈的用布条绕孩胸前，在后面拉着提着，悟到子旁的那条绳，或许就是用来拉着提着的布条吧。当初造这孫字，想来是指学步的小娃娃，后来才借去指子之子的。孫辈比子辈低一等，所以差等谓之又逊一等，逊是从孫得字义的。竹根长出竹竿。竹竿是竹之子，叫竹子，是子辈。竹子下面又冲出笋子来。笋子者，孫子也。

还须证明子字古音读儿。证具：李字从木（李树）子声。子声而做李的声符，可逆推子字古音必定读儿，与兒字古音儿很相近。当初兒与子以音义皆同，只有字形不同。看子的甲骨文，也有两个字写法和兒字相似的。可以说子与兒曾经是一字两写。篆文子象幼兒在襁褓中，非独足也。双臂在襁褓外，所以舞动。

（33）麦面

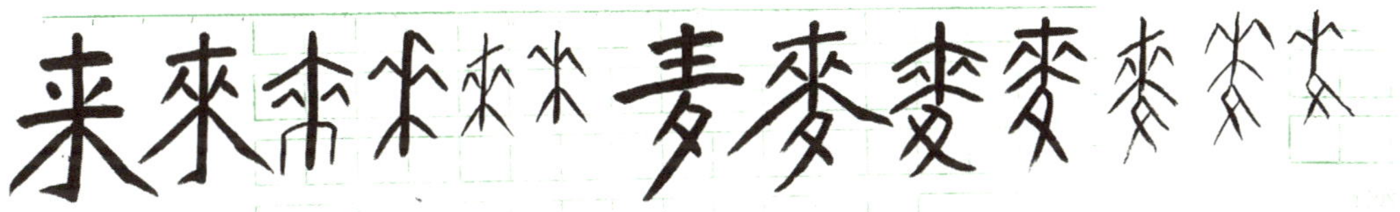

繁体　篆文　金文　两个甲骨文　　　繁体　篆文　金文　三个甲骨文

来来去去的来，繁体作來。來字本义不是动词由彼处到此处，而是名词小麦（简作麦）。看甲骨文，來象小麦植株之形，根茎叶穗皆可指认。史前时代，小麦从西亚向东亚传播到周民族发祥地（甘陕南部），又随着周民族向东扩张，传遍黄河流域。周人神话说，小麦是上天赐给他们的。天赐者，龙卷风吹送也。史书有"天雨麦"的记载。既然是由远方吹送而至，所以本义为小麦的來字被借作动词，变义为由彼处到此处。这才不得已，另外造麦字。麦來本一物，语音可佐证。麦mài缓读之，拖尾音为mài lái（麦來）。可知麦有复辅音。复辅音字变成单一音字以后，麦來二音便分家了，各立门户。这才有了可能，把來借去用作动词。

甲骨文麦，來下加倒止（趾），暗示小麦天赐。你看倒止，脚跟向上，脚趾向下，天上走到地下，不正是从天而降吗。倒写的止，篆文误作人走路被牵制，繁体误作夕阳的夕，致使麦字难解。麦的简体又改來为三横一杠出头，这就完全堵死了认字之路，使我们永远回不去了。

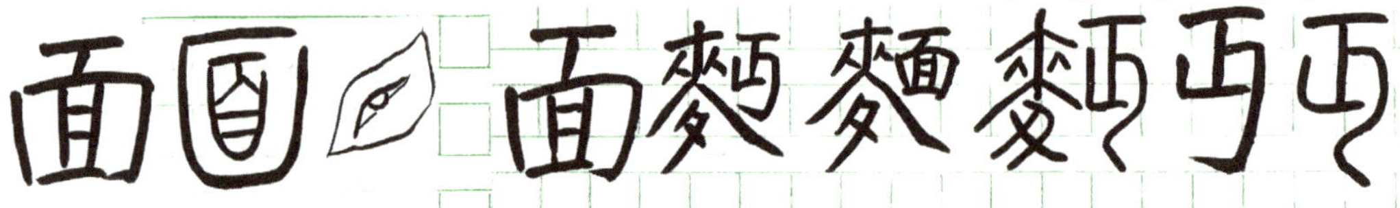

篆文　甲骨文　繁体　异体　篆文　篆文

问面字是不是简体字。答：是，又不是。先说不是。脸面的面就不是简体字。篆文面象形，中间一自（鼻），周廓围成脸庞（川话讹成脸盘）。这是一鼻代表五官。甲骨文面则是一目代表五官，而周廓则为脸庞的侧视。再说麦面的面是简体字，繁体作麪，异体作麵。面条，面粉，面酱，面糊，皆应作麪。

麪字晚造。汉代以前只说"食麦"，未闻吃麪。麪，古称麦屑，今称麦粉。小麦磨粉，颗粒细微，超出目力极限，以至不可分辨。麪字从麦丏声。丏 miǎn 这个音正是"不见"二音拼成。丏做声符，是说麦粉微粒太小，小到不能看见，所以名之麪。

篆文丏字象意，以为不见。左边垂线折成直角，意思就是角落。上方一横盖在人的头顶，这个人头部遮蔽着，向身钻进角落里，腿部正要缩进去，这样就象出了"不见"之意。近人嫌丏字难写又难认，另造异体麵字，一瞥即可读出音来。

麦粉颗粒极细，旧时妇女用手搽脸增白。所以叫作面粉者，敷面之粉也。于是麦粉改称麵粉。

(34) 酒食

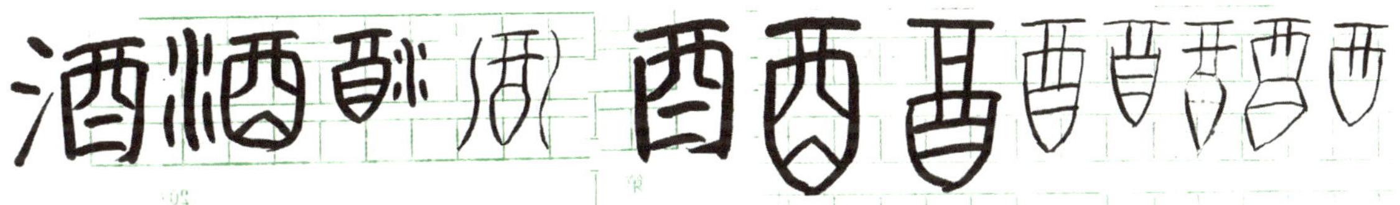

篆文 金文 甲骨文 篆文 金文 五个甲骨文

饭食霉变，产生酶催化发酵，酝酿成酒。过程很长，费时甚多，久久始成，所以叫酒。甲骨文酒，左右两条波线，也就是后来的三点水，中间是酒坛子，尖底，上置漏斗。揣想早在造字之前，先民已经会造酒了。

甲骨文酉象酒坛子之形。酒坛子是贮酒用的陶制容器。醪糟酒酿成后，从酿缸转注酒坛子，先要滤掉酒糟。坛口上置漏斗，漏斗上铺茅帘，过滤酒糟。酉字上方一横便是茅帘侧视。今之蒸馏白酒，元代才从阿拉伯传来的。此前无白酒，只有醪糟酒。甲骨文酉，以其漏斗茅帘，可作铁证。

酒坛子为啥要尖底？原来酒需要低温贮存。酒坛子不得不半埋在土中，所以不必做成平底。尖底当然不能置放平地，非埋土中不可。半埋酒坛子的土堆，成半球形，古名曰垆。"文君当垆"是卖酒的文雅说法。

酉字上加两点为酋qiú，本义是指老酒（酒是愈老愈好）。两点表示酒香外溢。《礼记·明堂月令》说掌酒之官称大酋，职掌祭祀活动。古代国王兼领祭祀活动，所以异族国王称为酋长。

篆文 金文 甲骨文　bō　篆文 金文 甲骨文　甲骨文　甲骨文

甲骨文食，上面大嘴是口字倒写，下面高脚碗内盛满饭着。最初造食字，显然是动词，意思是吃饭。到了篆文，大嘴照旧，高脚误作匕匙的匕bǐ。《说文解字》把食字解错了，说上面三条杠合在一起，义为集合。又说中间象粮食颗粒形，而下面是匕匙（饭勺）。勉强扯拢，说不圆范。许慎若能见到甲骨文，就不会这样错解了。

高脚碗盛饭，本是一个象形字，照笔画写出来便是皀bō。都嫌皀字难认，后人把它写成餑（简作饽），本义是指饭食。餑字后来变义，转指麵食和点心了。即字和既字都从皀，其差别在右旁，即字是人跪坐吃饭，既字是吃完饭后掉开脸打饱嗝。难怪即字有就位的意思，既字有完成的意思。

食字用在偏旁已被简化。例如饭字繁体作飯，从食从反，反亦声。黄河流域古人每天吃两顿飯，吃了上顿，又吃下顿，反复吃，所以飯字从反。又如饡字繁体作饡，《说文解字》解释为“羹浇飯”。羹字从美羔声，可知羹本音gāo。蜀人叫堂倌：“来一碗羹汤。”羹正是读gāo。“羹浇飯”的羹同样也读gāo。飯馆招牌误写成“盖浇飯”。

(35) 单恋

繁体 篆文 金文 甲骨文　　繁体 甲骨文　　繁体 金文

前辈文字学家，只有陈独秀一个人，能认清此字的真面目。这就是單（简作单），见于商朝卜辞有"东單""西單""南單""北單"的记载。显然这些都是首都朝歌城外的地名，單被借作墠shàn，其义指古代的祭祀场。單本身却不是祭祀场。甲骨文單，陈独秀认出来，是原始人打仗用的投石器。投石器见于基督教圣经《旧约》，大卫用投石器远击敌人。投石之器非常简易，一条绳缠一块石头，猛挥远投。旧时儿童自制玩具，一绳中段缀小布兜，内置卵石，紧握绳之两端，高举回旋加速，忽放一端，卵石即沿圆周切线飞出，可投很远。甲骨文單，上部正是一绳二石象形，下部象盾牌形，就是盾字，作声符用。單dàn盾dùn双声，对转互通。單在这里要读弓彈的彈，炮彈的彈，飞彈的彈。重庆有地名彈子石，出地卵石可供投石器用。古代打仗，射箭投石并用，所以合称"矢石"。《宋史·陈文龙传》提到兴化人石手军擅长投石打人。《水浒》有军官"没羽箭张清""飞石打英雄"，一石打中鲁智深落下马。

撣（简作掸）是动词，音dǎn，义为挥打。鸡毛帚撣灰尘，蜀人叫撣帚子。

戰（简作战）字从單从戈。左旁远投，右旁近杀，皆兵器也。

戀（简作恋）字要讲清楚，非写繁体不可。戀字从心从䜌luán，䜌亦声。旧时老师戀读luán音。戀爱听成“乱爱”，学生哗笑。不识古音，少见多怪的是学生自己。

䜌这个字看篆文是从絲（简作丝）从言。看更早的古文和甲骨文，中间既不是言，两旁也不是絲，只见爪上握着三股线而已（中间一股错成言）。旧时湖南乡间，妇女搓麻成绳，谓之luán麻，即䜌麻也。䜌是双手交叉编织，就像女子手握自己三股头发，交叉编织成辫那样，把三股线编织成绳。男女相好，感情交叉，你中有我，我中有你，纠结难解，事同䜌麻，所以叫戀。稍有异者，戀字多个人心罢了。古人认为脑管思维，心管情意，所以忠恕慈惠悲愁忌恐，事涉情意诸字从心。心字竖写谓之竖心。从竖心诸字有忻快怡怀惧怕愤悔。

篆文心象形，上连气管，左右心房，心尖偏左，皆可一一指认。甲骨文心更简明些，在卜辞里容易错认作贝。

(36) 相亲

Xiàng

篆文　金文　甲骨文　两个甲骨文　篆文

闹市走走，光看不买，上海人叫白相xiàng，最得相字本义。伯乐相马，术士相面，找婚配的男女相亲，皆是这个相字。不是随便看看，相是仔细留心察看。国王委派值班大臣察看国事，称为宰相。相字从目从木，是人在察看一棵树。如果人是木匠，他就要当场判断材质的优劣，估计材积的多少，然后盘算宜造哪一类家具。

李白远游，相一座山，觉得好看。他想象这座山也在相他，诗就来了："相看两不厌，只有敬亭山。"这样就由相看引出互相一词，相改读xiāng，不再读xiàng。互相一词泛用，例如互相爱慕、互相吹捧、互相揭发、互相残杀，也不管是否留心察看了。

眼睛二字为形声字，已属晚造。古人没有眼睛一说，單称为目。眼就是目，睛指眼珠。甲骨文目多为左眼。注意内眼角，睑皮上搭下，谓之蒙古皱折，为我东亚人种特征。篆文目作偏旁使用，不得已而竖立，大不近情。

目是名词。用目看是动词。篆文看，左手搭棚看远方，这是象意字。

亲 親 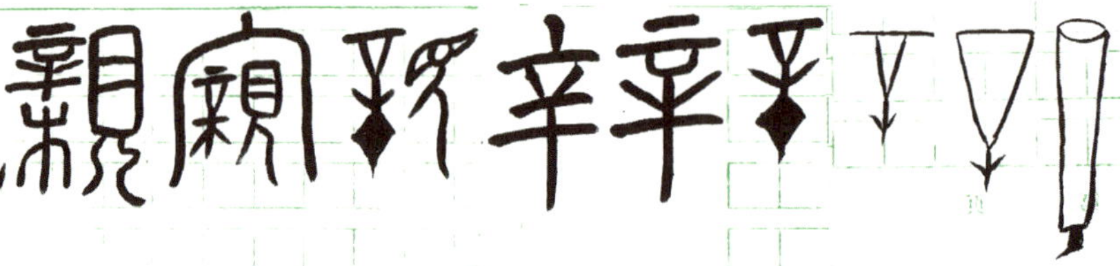

繁体　篆文　两个金文　篆文　金文　两个甲骨文　木柄雕刀

《说文解字》："親，至也。从見亲声。"至者到也，就是今人说的"到位"。凡事到位就"零距离"。零距离就无间隔。由親到而密切，又由親密而无间隔，所以本家称为親族。金文親加宝盖，表明本家。进而称呼父親母親，又建立起血親关系。记住，親字本义只是到位而已。親字从見得义。你要見到了，才算到位了。

今以親为繁体，亲为简体。其实亲字古已有之。亲能拿来做親字的声符，可见资历比親更老。只是五十年前文字改革，被强迫充当了简化字，活天冤枉。古之亲字，上辛下木。上辛象木柄雕刀之形，下木指木版。古之亲字即今鋟字，义为雕刀刻版。鋟（简作锓），侵也。用刀侵入木也。两个甲骨文辛，上粗圆是木柄，下箭镞喻锋利（不是说雕刀作箭镞形）。甲骨文还有第三种写法，箭镞尖锋或偏左或偏右，暗示刀锋歪斜，与今雕刀完全相同。

親的两个金文，字形既不同，字义又相异，应该是二字。一个从見辛声，这是义为到位的親。另一个加宝盖，那是本家称为親族的親，也是相親的親。后人嫌烦，取消宝盖，二親合并。

（37）医 药

繁体 篆文 篆文 三个甲骨文 篆文 金文 两个甲骨文

医字古已有之，并非醫字简体。这个医读yī，义指兵器的衣套。战争结束，兵器入库，都要分类装入衣套，以利防潮、防锈、防腐、防蛀。五十年前文字改革，这个医被派去充当醫字简体，古义遂隐，人亦忘其为古字矣。这个医的甲骨文，一矢代表各类兵器，装入衣套。

矢字篆文象形。箭镞，箭杆，和箭尾杆端的受弦弧，皆可一一指认。受弦弧被极度夸大，字形就走样了，所以楷书矢字一般人看不出是象形字。

医字已今做了醫字简体，只好服从。醫字可以拆成三块，另作新解，以求融通顺。左上部的医可视为手术箱，矢就当作手术刀。右上部的殳shū本来是古代的竹制棱标，改作动词用，表示动刀手术。下部的酉是古酒字，勉强解释为酒精消毒吧。

繁体 正体 篆文 繁体 篆文 甲骨文

旧时国文老师课堂点名，有学生姓名叫"樂樂樂"，老师读樂yuè樂yào樂lè，同学们便知晓他有学问。樂（简作乐）有三个读音。姓樂读yuè，仁者樂山读yào，快樂读lè，不可互混。音樂人语云："音樂治心病，草藥治身病。藥字从樂而来。"其说新奇可喜。《礼记·樂记》云："樂行而伦清，耳目聪明，气血和平。"又云："樂可以善民心。"又云："致樂以治心者也。"音樂治心之说本此。

细想一番，终觉不妥。藥（简作药）见于《诗经·郑风·溱洧》："维士与女，伊其相谑，赠之以勺藥。"勺藥即芍藥，作为连绵词，不能拆开讲，类同灼爍、玓瓅，有光彩悦目意。此花光彩悦目，故名芍藥。可知藥为芍藥简称，非从樂而来。

造字之初，只有芍藥花名，并无藥物一说。芍藥初夏开花，有红白紫三色，产于中国北方。红芍藥块根性寒味苦，主治瘀血凝滞、经闭、赤痢、痈肿等症。白芍藥性微寒，味苦酸，主治血虚腹痛、月经不调、痢疾、胁痛等症。牡丹属芍藥科，也有黄红白紫诸色。牡丹皮同样有治病功能。总之，芍藥由于主治多种病症，古代最为常用，简称为藥，而其他有治病功能的种种植物，也就跟着被叫作藥。这样一叫，藥字概念升级，由芍藥而泛指各种藥草，再升级为一切藥物，后人遂忘其芍藥初义矣。

至于樂字，甲骨文是木上架设丝弦，最初显然指某种弦樂器。后来概念升级，乃有音樂一说。而藥字不过是借樂字作声符而已。

（38）商

篆文　两个甲骨文　　篆文　金文　　篆文　甲骨文

农耕社会，士农工商，人分四等。行商坐贾，受歧视，排在尾末。官方怕他们造反，民间恨他们发财。商指行商，货郎摊贩，本小利微，最受歧视。篆文商为何要从辛？辛象雕刀形，用来给罪人额上刻黥印（《水浒》误作金印），从辛表示地位低贱。辛下是篆文呐，呐喊的呐。货郎小贩沿途叫卖，所以篆文商要从呐。卜辞多有"在商""大邑商""王入于商"的记载，用作地名，在今河南省商丘市，为商朝的故都。三千五百年前，那是天下最大都邑，商业繁华，所以地以商名，称"大邑商"。商邑在黄河南。盘庚迁都黄河北的安阳，地名殷，商邑遂成故都。

商字本来有两个，请看另一个金文商，多两颗星，这是星名。商星三颗横排，中间一颗红亮名火，"七月流火"的火，夏夜见于南天，为商民族崇祀。到了篆文，星名的商合并入地名商。

至于呐字，从口内声。篆文呐，口在内之下。隶变后，口在内之旁，如今日所见。

两个繁体　古写　篆文　两个金文　三个甲骨文

藝（简作艺）字本义恐怕会使藝术家们大失所望。古所谓藝，既非文藝，亦非工藝，原来是种庄稼，农藝而已。看三个甲骨文，最初是种草（禾），其次是栽木（树），最后是在土上栽树，只见双手，躯体省了。两个金文因袭了甲骨文，没啥变革。到篆文乃大变，详说之。

一变是蹲着出双手的农夫变形为丮字。篆文丮用象手拘持草，就是今之拘字。丮字今废，隶变成楷书后，又错成丸，改正无望了。

二变是左旁原有木下加土变成了陸之省。陸（简作陆）是土地，可种庄稼。双手拘持禾苗栽在陸上，也讲得通，这便是埶yì。埶是艺之古写，今废。《诗经·小雅·楚茨》有“我埶黍稷”句，埶字既废，排印本用艺字顶替。今人读《诗经》，以为简体艺周朝就有了，谁还认得古写的埶呢。

后人为了专指农埶，便加草头作蓺，这好理解。难解的是又加云作藝，说是指孔子传授的六藝——礼、乐、射、御、书、数。难道加云是说云里雾里？

（39）执 丂

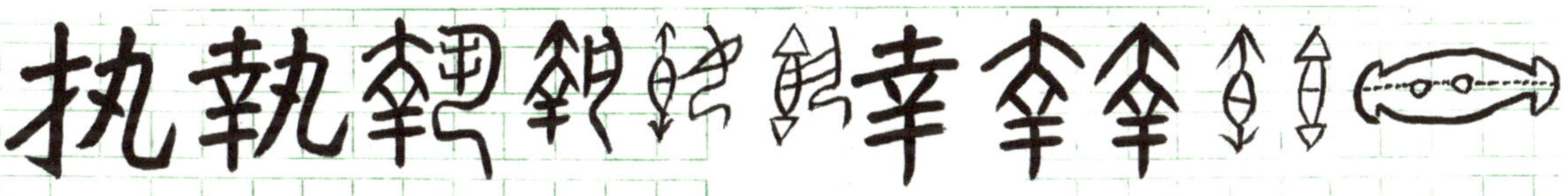

繁体　篆文　金文　两个甲骨文　kù　篆文　金文　两个甲骨文　木制手铐形

前篇的埶yì，本篇的執（简作执），容易互混。字形太相似了，特此提醒。篆文執从丮，今已写成拘。丮拘古今字。左旁所从幸kù，今已写成梏gù。幸梏古今字。此幸kù不是幸福的幸。幸福的幸从羊，下面该多一横，作幸。楷书误减一横，作幸，致使两字混为一字。错得太久，改正无望。

甲骨文執象罪人伸双手戴梏形。梏是古代腕铐，其字从木告声。梏用硬木制成，如图所示，上下两块合拢（虚线表示合缝），拼成鱼形。头尾两端用绳捆紧之后，正好卡住罪人腕部，双手抽不出来。梏今音gù，古音kù。考查语源，或来自袴kù。梏套双腕，就像袴套两腿，故名。古代的梏kù变成现代的铐kào，kù kào双声可对转嘛。甲骨文象梏形，演变成金文和篆文就走形不像了。再变楷书作幸kù，混同幸福的幸，给文字学家出难题，大家不免瞽说瞎猜，公婆互相争论。其实，学问之趣，正在此也，是不是呢？

现在看来一清二楚，執字本义乃是拘捕罪人。字义泛化之后，握手，持拘，履践计划，兑现法律，皆可曰執。

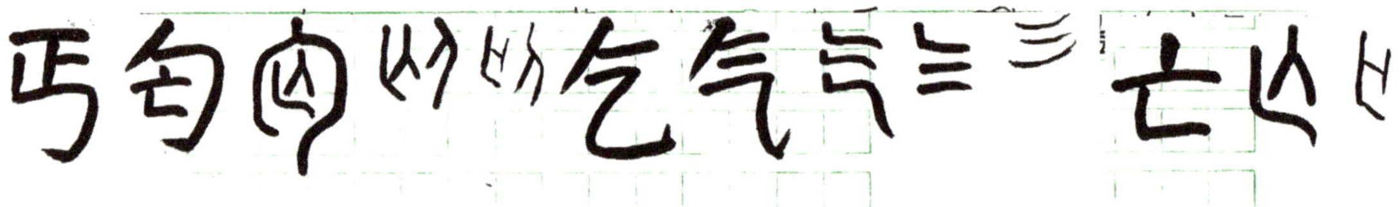

异体　篆文　金文　甲骨文　　　篆文　金文　甲骨文　　　篆文　甲骨文

在今河南省境内，黄河南北两岸平原，古称中原。四千年来，中原百姓频遭水旱蝗兵之灾，一波又一波的被迫逃亡，南下讨乞。甲骨文有丐字，专为那些逃亡的讨乞者而造。甲骨文丐左亡右人。《说文解字》："亡人为丐。"所谓亡人者，逃亡之民也，特指中原逃灾荒的乞丐。

亡字本义并非死亡。亡绝不等于死。甲骨文亡从入。入象箭头，义为进入。其左旁的折线表示角落。进入角落，消隐不见，这就叫亡，正是逃亡。不必进入角落，"万人如海一身藏"也叫亡。孩子走失叫亡子，羊子走失叫亡羊。亡法很多，死为其一而已。泛而言之，人或物不见了都叫亡。那些逃灾荒的乞丐，沿途餐风宿露，一路闯州过县，自身固然存在。但是对于故乡而言，他们都不存在，是亡人。亡人二字组合成丐，异体匄字正是这样。

至于乞讨的乞，本无其字，乃借气字减掉一横充当之，所以乞字无法拆开细讲。再说气字，篆文三条波线象空气之流动，妙。乞讨无关空气，借声造字罢了。乞就是今之给。丐者街头求路人"给"，故名乞丐。

（40）帮 贫

幫（简作帮）字不见《说文解字》以及《玉篇》，知是唐宋以来晚造俗字。幫字从帛为丝织品，封声。封，古音同邦。幫字造来专指鞋幫。古人丝履，鞋腹左右两片曰幫。由此引申出幫助义，难怪口腔两旁的颊叫腮幫。至于行幫、黑幫、青幫、四人幫，更是引申之引申，延长之延长。

幫字用封做声符，借声不借义。封字雏形为丰。甲骨文丰象草木丰茂，是形容词。丰下有加土者，从土丰声，意思遂变成封土了。封土即垒土，就是天子划土地给诸侯，允许立国，这叫封建。封指国界垒土，建指国中插旗。金文加手，垒土用手。篆文右手变寸，意思未变，但是土上的丰错成之了。垒土为界又孳生出封锁一词。皖南民居，屋上垒封火墙，俗误作风火墙。

简体帮字用邦做声符，亦借声不借义。篆文邦字从邑，指城邦，丰声。丰，古音同邦。甲骨文封与邦古音同。看字形，一个从土，一个从田，意思也同。有所不同者，封是动词，邦是名词，仅此而已。邦字从邑。邑上口非嘴巴，乃是象城郭形。邑下巴非巴蛇，乃是古之节字，作声符用。

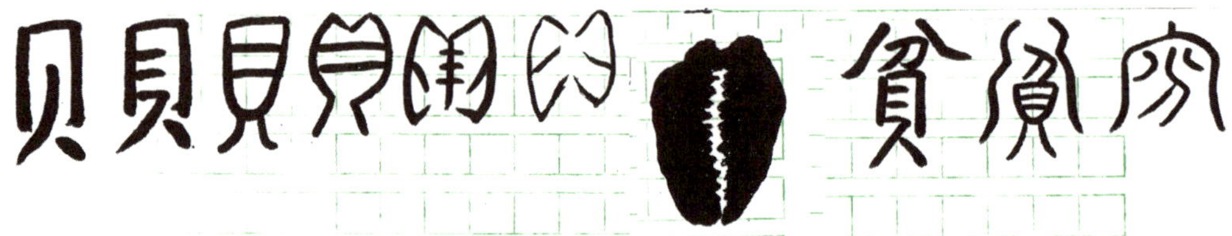

繁体　篆文　两个金文　甲骨文　齿贝的腹面　篆文　古文

貧（简作贫）从貝（简作贝）。认貧先认貝。海貝，又名海蚆，为软体动物之一种，有壳体。古代用貝壳做货币，貝指故称货贝（宝贝）。商周两代通用齿贝。齿贝腹面平，有齿缝，背面凸，有纹理。甲骨文貝象齿贝的腹面。金文和篆文象海貝的活体，伸出肢体来。貝币到秦代已废除，仅在边远地区使用。最可异者，云南一直用到清代初年。当地规定，一貝为庄，四庄为手，四手为苗，五苗为索（等于八十貝）。古人造字，凡事涉金钱者，例如繁体貧、財、買、賣、貢、賞、貪、賊，莫不从貝。

貧字从貝从分。分貝为貧，是说資金和财物愈分就愈少。资财少了，家就貧了。与贫相反，富是宝盖下面一具扑满（攒钱罐），只见钱进去，不见钱出来，愈攒就愈多。古文貧，宝盖下面一个分字，专指家貧。旧时乡村大户人家，几房人口吃大锅饭，最怕分家。貧字是这种心理的反映。

顺便说分。分字从八从刀。八即扒，扒皮而两分之。刀，用刀割。原始人分猎物，先剥皮，后刀割，所以分字从八从刀。

25×20=500　Ch001.60.93.9　第　页

（41）楼层

娄 婁  楼 樓

繁体　篆文　古文　金文　甲文　　繁体

先说婁（简作娄），后说樓（简作楼）。金文和甲骨文，婁字形细看是女头上顶一只簍（简作篓），是用左右双手举上去的。簍，南方以竹条编，北方以柳条编，用于盛物，顶在头上。背驮曰负，头顶曰戴。孟子讲仁政，主张"斑白者不负戴于道路"。旧时乡村运输，有车推的，有肩挑的，头顶戴的仅见于这个婁，堪称文字化石。古文和金文，簍上双折线象编纹。到篆文仍旧是女头顶簍，但是多出一口。口非大嘴，而是头上用草编的垫圈。簍置垫圈之上，更加稳定，便于急走。这只垫圈是狱中陈独秀看出来的，令我惊喜，佩服。

城门上面盖屋，正像妇女头上顶簍，所以跟着叫樓。《说文解字》："樓，重屋也。从木婁声。"重屋者，屋上又盖屋也。古代攻城要用樓车，见于《墨子》。樓車就是一座安装四轮的多层木塔，用于俯窥城内情形。樓是空间的多层，换成时间的多次，便是"屢教不改"的屢（简作屡）。可知樓屢二字既取婁声，又取婁义。婁即簍也。

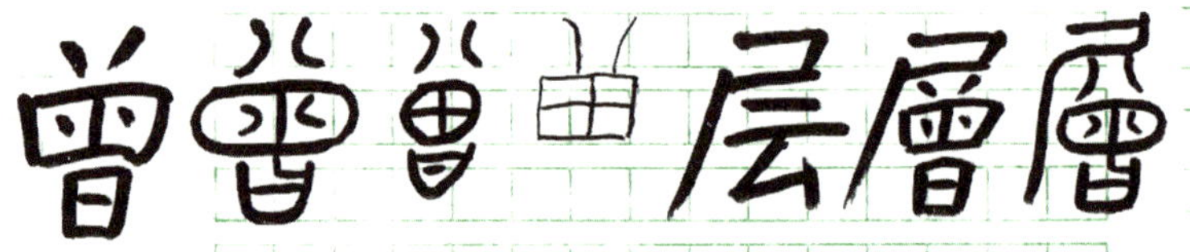

篆文 金文 甲骨文　　繁体 篆文

先说曾，后说層（简作层）。有人要姓曾，所以才造出曾字，是这样吗？不是这样。曾字是甑字的古写。瓦旁是后加的。曾甑为古今字。篆文曾象形，下面一锅水，中间是甑子有气孔（甑箅子），上面冒蒸气。甲骨文曾只画甑子冒气。用刀刻甲骨，曲线难，直线易，所以圆甑变方了。甑内有十字形的气孔。甑是名词，作动词用，就写成烝（今误用草头蒸）。你看烝字下面四点，那是火字。沸水锅下要烧火嘛。至于姓曾，曾乃周代山东地名。地名需加邑旁作鄫。曾是地名当作姓用。当然这地名也是从甑子来的。

现在说層（简作层）。先造曾（甑），后造層。《说文解字》層樓二字意思相同，都是“重屋”。金文和甲骨文没有層，可见晚出。層屋二字皆从居省。意思是说，層字上面的尸，是居字省掉古，这就叫从居省。重屋也好，平屋也好，都是拿来居住的嘛。尸与屍本来是两个字。尸是《庄子》书上说的“尸居”，就是倚壁而坐。屍则是死屍。五十年前文字改革，派尸做了屍的简体，此后屍体写成尸体。成语“尸位素餐”该怎样讲解呢？死人白吃饭吗？

（42）机车

繁体　篆文　金文　甲骨文　繁体　繁体

先说幾（简作几），后说機（简作机）。篆文幾从二幺，从人，戈声。今音戈gē幾jī相差甚远，古音[illegible]。gē可转gī，再转为jī，所以可通。《说文解字》："幾，微也。"我想恐怕微小不是幾之本义。古人造字，都有实物可指，不给抽象概念造字。幾所从的二幺，不要看作两个幺字，应该整体视为虱卵象形。旧时贫穷，不讲卫生。内衣内裤寄生虱子，叮咬肤搔痒，吸血传病。虱子缘衣缝而产卵，两两相连。所谓二幺，作88形，如甲骨文所见，应是虱卵四粒。虱卵微小，椭圆晶亮，掐碎有声。虱卵名蟣（简作虮）。虫旁是后加的，幾本来指虱卵，而88象其形。幾又从人者，虱卵寄生在人体也。幾加虫旁成蟣以后，幾字就空出来，改义为微小了。顺便说璣（简作玑），小珠而不圆者曰璣，取象于蟣。最后说几。几字古已有之，指矮小的桌子，不该派去做幾的简化字。

至于機（简作机），本来是指弩機。弩箭柄上，钩动弦的弩牙名曰機。機虽微小，却能控弦，轻扳便发，射杀力强。后来就把各种设置巧妙的器械叫作機，近代遂有機器、機械、機车、电機、缝機、飞機诸词。

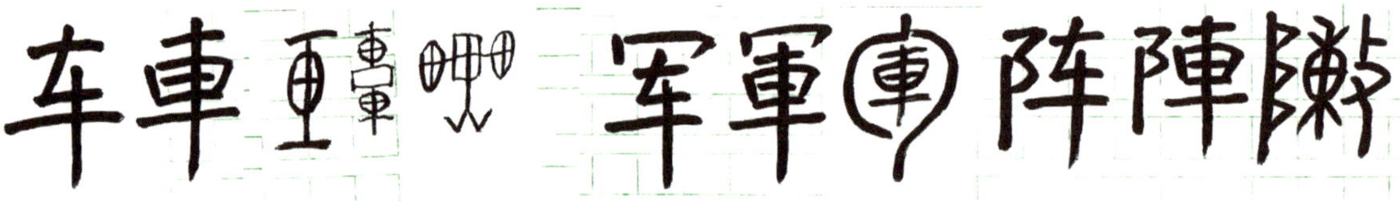

繁体　两个金文　甲骨文　繁体　篆文　繁体　篆文

車（简作车）是个象形字。甲骨文車象马拉車形。请看左右車轮，中间車厢，有車辕和马轭。两个金文有省略了車辕和马轭的，更有以一轮象征一辆車的。繁体車正是以轮象征車。注意轮轴两端横插有短铁键（雅名辖），来自金文。清代王筠认为繁体車字象車全形，中间是方車厢，車轴两端横杠，从空中向下看是車轮。其说有趣，勉强可通。

繁体軍字，車上盖冖。看篆文才明白，哪有什么冖啊，那是包字省略，是从包省。为啥車包为軍？原来古代作战，军队驻扎，规定战車向外环列，包围成圈，全軍人马住在圈内。这样夜宿安全，出击方便。原来軍这个字含有軍事常识。

繁体陣字，左旁耳是阜字。阜是山坡，篆文象梯级形。战阵摆在坡下，（有靠山），"九里山前作战场"嘛。陣从車，指战車。古代陣势以战車为主力。现代作战，步兵仍然尾随坦克前进。篆文陣所从車笔误作東（简作东），写成楷书成陳（简作陈），俗呼包東陳。所以陣陳本来一字，陣列就是陳列。篆文陣右旁俗呼反文者即今之扑字，其义为打，打仗的打。

（43）盗窃

中国作家协会四川分会

繁体 篆文 篆文 甲骨文 xián 篆文 篆文 甲骨文

盗（简作盗），义指偷盗，盗窃。严格说来，强盗明火执械，公然劫夺，已经不算盗了，古谓之贼。贼字从戈，便是使用武器，恶行远胜偷窃之盗。盗罪轻于贼罪，自不用说。盗字从皿。皿是高脚菜碗。盗就是偷菜碗？非也。究竟偷啥，等等再讲。

请先讲皿上的三点水一个欠，次，此字音xián，乃是垂涎的涎字之古写。次涎为古今字。垂涎就是流清口水对着美食。次字从欠从水。篆文欠是人上一个气字。人上一气表示困倦引起的深呼吸，也就是打哈欠。打了哈欠，又流了清口水，正是次字。顺便说次，从欠从二。注意次字左旁并非两点，那是二字。打哈欠有传染，惹得邻座也打，所以欠字加二为次。大舌头发不出卷舌音，第二说其次。次者二也。可知次次二字形近义远，不可混淆。

现在回头讲盗。对着高脚菜碗流清口水，一定是因为碗中有美食，馋得慌，偷嘴吃。天啦，这就是盗！仓颉夫子未免太可笑了。小时候我你他谁没盗过？儒家君子教人防微杜渐，造字如此。我们不妨微笑，表示理解。

竊（简作窃）字不见金文，更不见甲骨文，显然是晚造字。已经有了偷盗的盗，为啥又造盗竊的竊？原来盗乃自家偷，竊乃外来盗。从何而知是外来盗？竊字从穴。此穴必为墙上打洞，钻进来偷，当然是外来盗。秦晋高原农村，窑洞大门上方，留有窗穴，以利通风采光。篆文穴象窑洞窗穴之形。穴字后来泛指一切孔洞，包括墙洞。

夜半天寒，辛苦劳累，墙上打洞，爬进去偷啥？天可怜见，他只偷米！难怪老夫子们感叹“先民质朴”。米字本指小米。小米杵臼脱粒，然后过筛。甲骨文米，中间一横是筛子的侧视，上面三点是麸壳，下面三点是小米。偷米的现已改行，只偷存折和现金。也不兴打洞，只撬锁。大家都要与时俱进嘛。

竊又从禼（简作卨）。禼xiè字象形，是蠍（简作蝎）字古写，专指毒蠍。失竊之家愤恨钻墙洞的外盗，比为毒蠍，所以命名曰竊，造字时便用禼做声符。确而言之，竊字从穴从米，禼声。

（44）告警

先说牛。牛字象牛头形。两个金文加以比较，便能看出图像怎样变成文字，一笔一划皆有来历。告字谜语："一口咬断牛尾巴。"由此可知，告字从牛从口，牛口为告。古无叫字，告就是叫。田野宁静，牛的叫声韵味悠长，如遥远的呼唤。呼唤，叫唤，皆告唤也。古代祭祀，先要祭声悠悠叫唤神灵之名，是为祭告。又要呼吁神灵保佑，是为祝告。政府有宣告，公安有警告，商家有忠告，百姓有控告。洪声亮嗓后来都转化成白纸黑字，仍然曰告。原本是牛呼叫，移用于人。有个牟字，指牛叫声，义非呼唤，与告不同。

牛者性情暴烈，尖角有碍行凶撞人，须用三尺木棍横捆在双角上，使其无法撞戳。这就是《易经》的"僮牛之告"。僮牛者撞人之牛也，此僮即今撞字。告者梏也，此告借作梏字。梏就是牛角上捆横木（字本义）。用于人类，便是刑用械具。在脚曰桎，在手曰梏，所谓桎梏。梏字今音gù，其实就是铐（简作铐）。在牛双角之梏，在人双手之铐，情形相似。梏铐古今字，梏应该读kào。

25×20＝500　　Ch001.60.93.9　　第　页

敬 苟 苟 攵 攴 撲 扑

篆文 甲骨文 pū 篆文 繁体

说警先说敬。当初造敬字，绝非指尊敬。敬字拆开看，找不出半点尊敬的意思。敬字左旁从苟。《说文解字》认为苟字从草句声，草名。世间未听说有一种名叫苟的草，许慎可能错了。万一真有苟草，那就更成问题，因为从草与尊敬的意思拿合不拢。敬字右旁从攴pū，俗呼反文，篆文从又（右手）卜声，乃是撲（简作扑）字古写，义为拍打，更与尊敬扯不拢了。

从草句声的苟，原来是个错字！上面并非草头，那是狗耳象形。下面是狗直立象形，口是苟的声符。苟乃狗字古写，笔划错成草头，为时既久，要改正已不可能了。回头看这敬字，恍然大悟。左旁一条狗，右旁一只手执棍。由此可知，敬字最初义为警觉，亦即自儆jǐng。

官场自来等级森严，下级面见上级，小心翼翼，自儆自策，非常警觉。这在旁人看来，重在表现，他是（下级）尊敬上级，于是敬字取得了尊敬的意思。至于警字，则是用语言儆他人，而非自儆。

苟本是狗。姓苟之家改写成苟，意在避嫌。

(45) 春秋

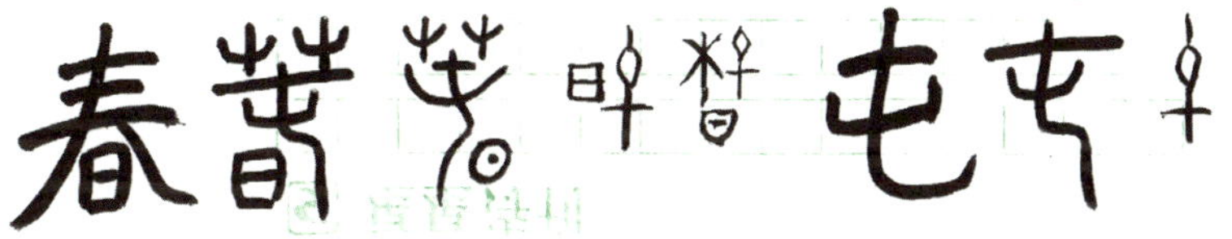

篆文 金文 两个甲骨文 篆文 甲骨文

说春先说屯。甲骨文卜辞里，常见"今屯""来屯"表示某个时段，看来就是"今春""来春"。篆文屯，一横象地平面。地平面下，一株小草，根茎扭歪，暗示正在挣扎，而草尖已破土冲出来。甲骨文屯，草尖近似菱形，显示锐气。这个屯应该是草萌芽的象形。想起古诗"春动草萌芽"句，便明白屯就是最早的春字，初义仅指小草萌芽。后来甲骨文又在萌芽旁添加一木，表示树也萌芽，又加日旁，用来表示春季。金文春又改木旁为草头。篆文继承下来，隶变为今之春。

黄河流域冬季严寒，草木枯黄，不像成都平原的"季冬草木苍"，所以腊月过完不久，忽睹平野小草新绿，印象特别深刻，由此造出屯字。又加日旁，变成春字。字义也跟着变，不再指草萌芽，而专指春季了。顺便说说，商代一年只有春秋两季，尚未设置夏冬二季。具体说来，上半年为春季，下半年为秋季。

屯是小草萌芽。嫩芽冲破冻土，颇费时日，殊非易事。屯加金旁成鈍（简作钝），义为不快，也就好理解了。

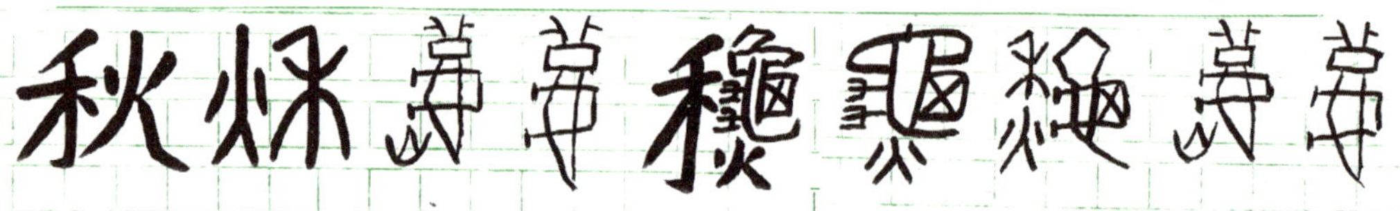

秋字有异体，火上多一龜（简作龟）。这个异体秋字，成都少城公园保路纪念碑上就有，字大径？引人注目，却困惑了古今文字专家，为此聚讼不已。为何引起困惑？我看是由于古人误认虫为龜。请溯其源，先看两个甲骨文秋（蟋蟀，上海人叫秋虫）。这明明是小虫蟋蟀。立秋蟋蟀准时鸣，先民用蟋蟀表示秋。这不是龜形，是虫形，无龜口须。怕古人误认，所以又加火旁（保险）。此火乃是“七月流火”之火，指大火星（不是太阳系的火星）。大火星即古代东宫苍龙七宿中的心宿二，今为天蝎座阿耳法星。此星红亮惹眼，每年初秋黄昏以后准时见于南天。先民观星以定季节，所以也用大火星表示秋。商朝亡，甲骨文隐没，过渡到籀文（西周的），蟋蟀笔划错成龜形，最后形成异体秋字。应该说，这是个造成古今困惑的错字。

秋字及其异体错字，同源出于那两个甲骨文。篆文秋从火从禾，抛弃了异体秋所从之龜，也就避开了错误，还省了笔划。从禾，禾稼成熟于秋。从火，仍然是大火星表示秋。甲骨文卜辞里有“今秋”，秋字正是一只蟋蟀。难怪蟋蟀又名秋虫。鸣声啾啾，“其名自呼”，或许秋就是蟋蟀的古名。

(46) 年富

高粱有一种性黏的，也就是黏高粱，北方叫黄米子，深秋成熟，可美酿酒。古人特看重这种黏高粱，单独取名叫年。年者黏也。年黏二字音nián相同。因为性黏，所以叫年。甲骨文卜辞里，年字常见，例如“受年”“求年”“有年”，都是用年（黏高粱）代表一切粮食作物，祈求丰收之词。北京天坛有雄殿名祈年，皇帝在此祈求上天保佑粮食丰收。旧时风俗，腊月兴吃年糕。那是一种糯米做的甜味糍饼，切条油煎之食。北方用黏高粱做年糕，或呼黄米糕。可知年糕者黏糕也。注意，年字用在这里指黏高粱，与岁月无关系。

甲骨文年从禾从人。从禾好说，禾乃小米，小米作为禾稼符号，黏高粱也属于禾稼类。为啥从人？人乃植物子实和果实的内仁，例如杏仁、苡仁、花生仁。这些仁字本作人字。黏高粱的子实内仁，就是北方做糍糕的黄米子。当初造年字，专指黄米子。周代重农，收一茬黏高粱，算作一年，从此以年代岁。

金文年要突出黏高粱的大穗，着一圈点。隶变之后，禾下的人误加短横错成千字，错到底了，没改了。

富偪畐 

古写　金文

说富先说畐（bī）。畐是已废的古写字，后来都写成偪（简作逼）。《说文解字》："畐，满也。"扬雄《方言》说，容器盛得太满，快要涌出来了，就叫"偪满"。又说，食多满腹也叫"偪"。这是汉代古人的说法，今人改说肚子偪胀。满了会胀，胀由于满，所以今之偪胀等于古之偪满。心中压抑不快，谓之憋闷。场内拥挤不堪，谓之爆满。憋闷，爆满，语源出自古之偪满。据《说文解字》说，偪等于满。单言之可曰偪可曰满，复言之则曰偪满。复词偪满若作名词用，就是扑满——陶制的攒钱罐。旧时小孩硬币只能存入，不能随意取出。须待罐内硬币偪满之后，敲破陶罐，钱乃出。在小孩眼里，敲出的钱是一笔巨款，十分惊喜。天天小孩盼望罐内偪满，所以器名扑满。扑应是偪的音转，扑满即偪满，也是爆满。

请看偪的金文，显然象容器形，那就是古代的扑满瓶型。瓶颈部有横缝，硬币由此投入，积存瓶内。扑满象征钱财，置放在宝盖下，便指有钱人家，这样就造出了富字来。

（47）我族

篆文　金文　三个甲骨文　篆文　甲骨文

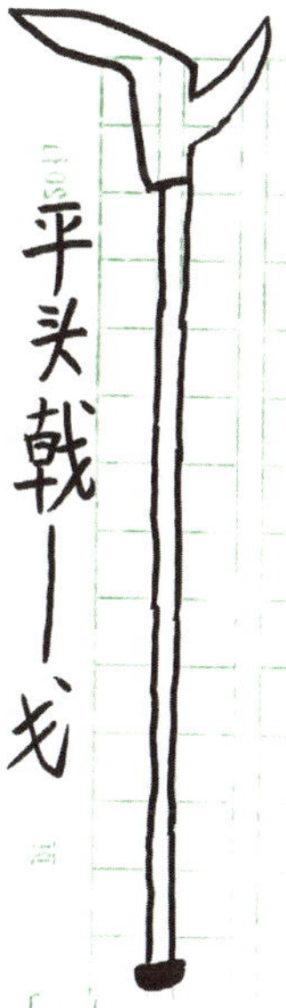

少时从未想过，我字指的不是我自己，而是一种农用工具！原来当初造这我字，不是为了用于第一人称。然而，读者要问："三千五百年前，甲骨文刻写的卜辞上面多有我字，一一通读，都是用于第一人称，这又怎讲？"我答："好讲，这叫借用。借其读音而使用之，相当于写代替字，亦即写别字。古人用字惯于如此，实不足怪。

先说戈字。戈乃古兵器，又名平头戟，旁出横锋，可以左砍右刺，柄端有小圆镦。甲骨文戈象形。篆文夸张了小圆镦，放大成三股叉，使人误认。我字右旁戈，只作声符用，不参与字义。甲骨文我，若拿掉声符戈，剩下左旁形符，象何物之形呢？答：农用五齿耙，北方用来扒草，南方用来薅秧。甲骨文有简作三齿的。三齿耙的我字由金文而篆文，字形走样，遂难认出原形。落到猪八戒手中，就成了钉耙。镜钯亦由此来。

据《说文解字》，"俄字本义为歪着脖子偏着头，所谓"俄顷"是也。一切有齿耙正是歪其颈而偏其头（耙以卷齿为头）。可知俄字从我（有齿耙）取得字义，反过来旁证我为农用有齿耙。

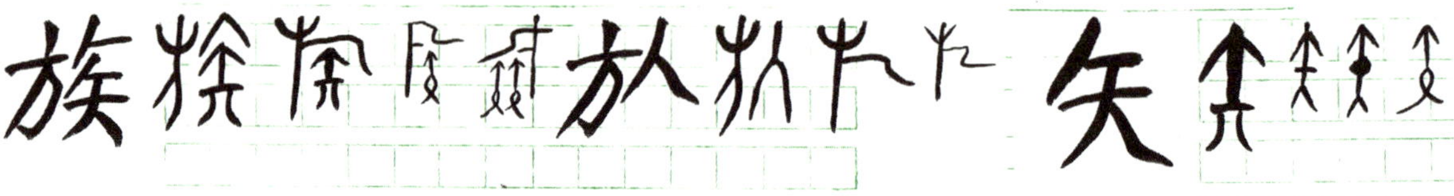

篆文　金文　两个甲骨文　yǎn　篆文　金文　甲骨文　篆文　两个金文　甲骨文

族字本非专为家族民族而造。先民狩猎为生，造此族字，专指射杀野兽的箭杆尖端之箭镞（简作镞）。金旁乃是后来加的，最初只作族字，且与家族民族无关。箭镞今称，古称矢锋（简作锋）。族字既然从矢，可知此物附属于箭。先看甲骨文矢，象形，箭镞、箭杆、箭羽、箭括皆可一一指认。箭括是箭杆尾端的小凹槽，为受弓弦之处，太细微，不好画，姑以夹角象形。金文矢用一圆点或一横杠象箭羽形。篆文矢，由于箭括被夸大到讲不通的地步，说是象形不如说是写意。夸大的结果是矢字不再像箭，当然也算是象形字。

古籍记载，矢分八类，各有用途。枉矢、絜矢带火发射。杀矢、鍭矢用于近射。矰矢、茀矢用于弋射。恒矢、痺矢用于散射。八类不同的矢，差异主要在箭镞形制上，有棱形、锥形、双刃、三棱等等的不同。兵器库存，同类箭镞总是放置同处，以便提取。《左传》有云：“非我族类，其心必异。”族谓镞也。这是双关语，正如“笑里藏刀”，笑谓鞘也，心谓锋也（《诗经》棘心）。

家族民族之说，借了箭镞分类概念，用于人群分类。族被借久不还，后人不得不加金旁造个镞字，用以继承矢锋原义。

族字拿掉矢字，剩下部分是已废的yǎn字，义为军旗上的飘带，象形，就是旗旒。用旗旒在这里代表军旗。矢为兵器，尖锋杀敌，是在军旗之下进行，所以族字要这样造。

（48）康宁

说康先说广。说广先说厂。半个世纪前，那时尚未推行汉字简化，厂字读àn，就是山岸河岸的岸字，象形。金文厂，横杠为岸边台地，向左下可以是山壑，可以是河流，都不画，省略了。而广呢，那时读ān，就是庵字，专指半敞开的廊屋，象屋顶和屋墙之形，广字屋顶之下，屋墙之内便是走廊。康字从广，可知某事是在廊屋内操作的。

康是做哪件事？《孟子》说周文王亲身从事"康功田功"。田功乃耕田理稼，康功则舂粟筛糠。康，古糠字。舂粟筛糠，此事在廊屋内操作，所以康字从广ān。

甲骨文康，显示双手举杵而舂。北方农家五穀（简作谷），脱粒后杵臼舂之。臼省略不画，而用四点收割象粮粒和糠壳之形。金文承袭下来。篆文改四点为从米。今之糠字移米成为左旁，下面恢复四点，仍象粮粒和糠壳之形。

糠是过筛后的空壳。康字义为空虚，稍稍空闲谓之"小康"，出自《诗经》。抽空作乐谓之康乐。太平无事谓之安康，无事正是有闲。身强体闲，无疾病事，谓之健康。

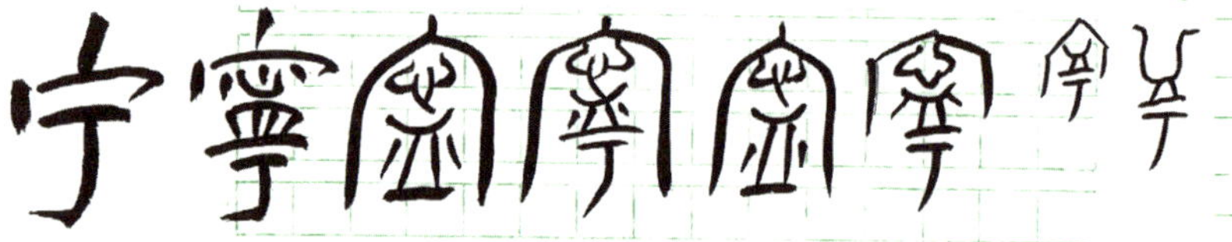

繁体　两个篆文　两个金文　两个甲骨文

《管子》说"民以食为天"，绝非提倡美食。今人狂热美食，多已忘却饭碗曾经是人生的大问题。寧（简作宁）的两个甲骨文很有趣，用饭碗象征安定，正如富的金文用攒钱罐象征财富。饭碗之下，丁做声符，最古老的寧字从皿丁声。既然丁做声符，可知那时寧字读ding，其实就是稳定的定。高脚碗，底盘宽，不易倒，很稳定。置之家中，饭碗有了，带来安定。旧时谚云："三日无粮，父子不亲。"饭碗之功大矣，可不敬哉？

寧字那时音ding，缓读拖成dingning二音。尾音分离出来，寧字就改读níng，这便是今音了。顺便说说，声符丁字象蜻蜓形，可以说就是晚造的蜓字。难怪甲骨文寧可读ting，例如卜辞的"寧风"即停风（吁请暴风不要吹了），"寧雨"即停雨（吁请淫雨不要下了）。到了金文，宝盖之下添心，表示饭碗安定民心。为了字形美观，金文有时省掉声符。篆文承袭下来，形成繁体寧字。繁体寧字真好，能教导执政者怎样去实现安寧。简体宁字蛮横，强占古字宁zhù的字形，又硬把安寧和姓甯合并成一个宁，实在荒谬。

（49）要的

两个篆文　古文　甲骨文　篆文　甲骨文

中古以前，尚无腰字，只有要字。要yāo就是腰。篆文两个要字象女子细腰形：第一个是双手横插细腰，第二个是突出丰胸，省略臀部，反衬出细腰来。《墨子》说“楚灵王好士细要”不用腰字，因为那时尚无此字。腰部束带，所以要字有约束义，“要盟”就是结盟，互相约束。腰居人体中段，重心所在，所以抓住重心谓之“提要”，中途拦抢谓之“要劫”。腰处中枢之重，故曰重要yào。要人、要塞、要津、要害诸词由此产生。

要与欲古音通，所以欲求写成要求，这叫通假。邀又有写成要，见《桃花源记》的“便要还家，设酒杀鸡作食”。

回头说甲骨文的要，那是女子头顶圆篓，双手插腰，标准姿式戴物。此处双手横插，为了指示腰部所在。古文双手上移，就莫名其妙，倒像篓字了。

晚造腰字，本是肉旁。篆文肉象火腿之形，肉脱水，起皱折。甲骨文肉象蹄膀倒置形。

的

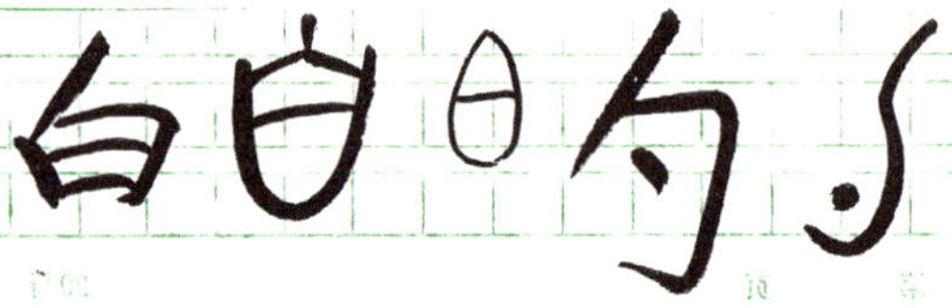

篆文　甲骨　diào　金文

《说文解字》拒绝承认的之为字，所以翻遍此书，不见的字。其实早在战国末年已有的字，见宋玉《神女赋》之"朱唇的其若丹"，的字为形容词，义为明亮。的在句中形容神女朱唇鲜明醒目，漂亮惹眼。的字从白。白色比诸色更明亮，所以白有明亮之义。《庄子》说"虚室生白"，意为室内家具撤空，增加明亮，白义仍是明亮。

不过明亮并非白之本义。甲骨文白象大指拇之形，所以大哥称伯（最大），二哥称仲（中间）。商朝崇尚素色，尊素色为老大，所以又把素色叫作白色，意思就是老大之色。到《庄子》书，白义又转为明亮了。你看，倒了多少拐呀！

的字右旁勺是声符。金文勺象钓钩挂饵形，可知勺是钓字古写。勺diao音转成di，做的之声符。的字最初形容明亮，到了汉代，转指女子妆饰在脸上额上之小红圆点。这也鲜明醒目，漂亮惹眼，仍然不离的之明亮本义。后来箭靶中心小红圆点也跟着叫的了（有的放矢）。射箭以的为准，所以准确说成的确。明清以来，白话文借的字替换之字，吾之尔之从此写成我的你的。

（50）到

篆文　　篆文　　两个金文　　两个甲骨文

《说文解字》作者许慎，东汉晚期人，未见过古老的甲骨文，所以许多篆文他都解说错了。篆文至，他说象鸟飞至地，不知甲骨文乃象矢着地。试将箭射向远方，箭杆抛物线进程的终点，必是箭头先着地，这便是至。以象表意，至就是象意字。箭头下面一横，地平线也。金文有用土代替一横的，可作旁证。篆文至由于变形过甚，被我误看成燕子飞来屋檐下，真是美丽的错误。又联想到《礼记·月令》之“仲春之月玄鸟至”，燕子古称玄鸟啊。正好发挥想象力，愈想愈有理。写诗可以这样，做学问不可以。做学问要求拿出证具来，要实证。甲骨文有长箭杆而小箭头的，一望便知是矢非鸟，此证具也。

华夏中原辽阔，各地语言或有差异。表示抵达某处，甲地人曰至，乙地人曰到。意思虽同，语言却异，写出来便成了两个不同的字。到字不见金文和甲骨文，知是晚出。到字解开，从至刀声。倒字更是晚出。《庄子·外物》“草木到植”借到作倒。如果当时已有倒字，他何必借。《尚书·武成》“前徒倒戈”之倒，人旁恐系后人添补，所以《说文解字》书中尚无人旁的倒字。

今 今 A A 钤 鈐 钱 錢 钳 鉗

篆文 金文 甲骨文 jiǎn 繁体 jiǎn 繁体 qián 繁体

先民狩猎，用尖楔劈裂树桩，又用短棍横撑裂缝中间。然后挂肉饵在内，同时设置触机。野兽来攫在肉饵，必定牵动触机，致使短棍滑落，裂缝猛然收紧，夹住兽爪，无法脱逃，嚎叫待擒。这种很古老的猎术传承至今，变成金属捕夹，更加厉害。

请将今字倒置，便知愚说不谬。这个倒A正象树桩从上向下裂缝，短棍横撑其间，而触机附其上，肉饵则省略了。今这个字象树夹形，数千年后终被识破。我思先民，满怀敬意。现在问擒字为啥用今字做声符，也就有解答了。那正是名词今（树夹）作动词使用啊。

鈐（简作钤）錢（简作钱）二字古音都是读jiǎn，与剪同音。据《说文解字》，鈐字古义是指双尖犁铧，錢字古义同样是指双尖犁铧，原本一字两写。这种双尖犁铧形似双刃剪刀，所以读音与剪相同。剪刀双刃合拢，正似树夹收紧，由此可以推测，今字古音同剪。今jin剪jian双声，可以对转。

今字若作动词使用便是擒字。先民狩猎思维，他们所说的今日意思是指被擒住的一日。对他们而言，昨日已逃掉，明日未来到，唯有今日被他们擒在手。